Francisco de Rojas Zorrilla

El más impropio verdugo por la más justa venganza

Créditos

Título original: El más impropio verdugo.

© 2024, Red ediciones S.L.

e-mail: info@linkgua.com

Diseño de cubierta: Michel Mallard.

ISBN tapa dura: 978-84-9897-479-9.
ISBN rústica: 978-84-9816-222-6.
ISBN ebook: 978-84-9897-239-9.

Cualquier forma de reproducción, distribución, comunicación pública o transformación de esta obra solo puede ser realizada con la autorización de sus titulares, salvo excepción prevista por la ley. Diríjase a CEDRO (Centro Español de Derechos Reprográficos, www.cedro.org) si necesita fotocopiar, escanear o hacer copias digitales de algún fragmento de esta obra.

Sumario

Créditos _____ 4

Brevísima presentación _____ 7
   La vida _____ 7

Personajes _____ 8

Jornada primera _____ 9

Jornada segunda _____ 61

Jornada tercera _____ 105

Libros a la carta _____ 155

Brevísima presentación

La vida

Francisco de Rojas Zorrilla (Toledo, 1607-Madrid, 1648). España.
Hijo de un militar toledano de origen judío, nació el 4 de octubre de 1607. Estudió en Salamanca y luego se trasladó a Madrid, donde vivió el resto de su vida. Fue uno de los poetas preferidos de la corte de Felipe IV. En 1645 obtuvo, por intervención del rey, el hábito de Santiago.
Empezó a escribir en 1632, junto a Pérez Montalbán y Calderón de la Barca, la tragedia El monstruo de la fortuna. Más tarde colaboró también con Vélez de Guevara, Mira de Amescua y otros autores.
Felipe IV protegió a Rojas y pronto las comedias de éste fueron a palacio; su sátira contra sus colegas fue tan dura al parecer que alguno de los ofendidos o algún matón a sueldo le dio varias cuchilladas que casi lo matan. En 1640, y para el estreno de un nuevo teatro construido con todo lujo, compuso por encargo la comedia Los bandos de Verona. El monarca, satisfecho con el dramaturgo, se empeñó en concederle el hábito de Santiago: las primeras informaciones no probaron ni su hidalguía ni su limpieza de sangre, antes bien, la empañaron; pero una segunda investigación que tuvo por escribano a Quevedo, mereció el placer y fue confirmado en el hábito (1643). En 1644, desolado el monarca por la muerte de su esposa Isabel de Borbón y poco más tarde por la de su hijo, ordenó clausurar los tablados, que no se abrirán ya en vida de Rojas Zorrilla, muerto en Madrid el 23 de enero de 1648.

Personajes

César
Alejandro, hijo de César
Carlos, hijo de César
Federico
Diana, dama primera
Casandra, dama segunda
Laura, criada
Cosme, gracioso primero
Damián, gracioso segundo
El Duque de Florencia
Julia, criada
Un Herrador
Un Maestro
Criados
Acompañamiento

Jornada primera

(En habiendo cantado la música, diga una voz en lo alto, sin oírse los músicos.)

Una voz (Dentro.)   Arrojadle de la escala,
　　　　　　　　　　precipitadle, matadle,
　　　　　　　　　　baje en átomos al centro,
　　　　　　　　　　mida sin alas los aires;
　　　　　　　　　　Faetón de sí mismo sea,
　　　　　　　　　　que para la muerte dalle
　　　　　　　　　　comisión de Dios tenemos.

Todos (Dentro.)   ¡Muera!

(Baja rodando Alejandro desde arriba con broquel y espada, acuchillando a los músicos, y dice.)

Alejandro   ¡Oh, vil, canalla, infame!

Músicos   Parece que una montaña
　　　　　se vino abajo.

Alejandro   　　　　　Esperadme,
　　　　　villanos; porque aunque todo
　　　　　el infierno os acompañe,
　　　　　pedazos os he de hacer;
　　　　　estos son, huid, cobardes.

Músicos   Tente, demonio, o quien eres,
　　　　　que como rayo bajaste
　　　　　desde ese balcón al suelo.

Todos   Huyamos.

(Vanse los músicos.)

Alejandro
           No ha de escaparse
una filáziga humana
de vosotros, ni de nadie
de cuantos al paso encuentre,
que escupo el alma en volcanes
por los ojos y la boca.

(Sale Carlos por otra parte con espada desnuda y broquel.)

Carlos
      Hombre, detente, ¿qué haces?
¿Quién eres?

Alejandro
           ¿Quién? El demonio.

Carlos
      ¿El demonio? Obligárate
la cruz deste acero mío,
de las estrellas brillante
espejo, a que huyas.

Alejandro
                 ¿Yo?
Mal me conoces, mal sabes
quien soy, porque soy demonio
tan loco, tan arrogante,
que no huyo de las cruces
ni de un calvario: la calle
se ha de hacer, hombre, angosta,
y el mundo, para que escapes,
hecho cenizas de mí.

Carlos
      Pues están desnudas, hablen
las lenguas de acero solas,
y las arrogancias callen.

Alejandro	Siempre que se me ha ofrecido
he hablado en ese lenguaje;
mas no he encontrado en Florencia
ni en el mundo, quien me aguarde
con tanto valor.
(Pelean los dos.)	
Carlos	Pelea,
y verás más adelante
el que descubres en mí.
Alejandro	Confiésote que es notable:
¿eres Güelfo o Gibelino?
Carlos	El valor hace linaje
de por sí.
Alejandro	¿Carlos, mi hermano?
Carlos	¿Es Alejandro?
Alejandro	Y quien sale
de una batalla infernal
con hidrópico coraje
de beber mi sangre propia.
Carlos	Bien podrás beber tu sangre,
que alguna pienso que vierte
este brazo del combate
que hemos tenido.
Alejandro	Y el alma

	quisiera también sacarte, siendo segundo Caín de Florencia a las edades venideras, por poder templar, Carlos, con matarte, la infernal cólera mía.
Una voz (Dentro.)	Agradece a las piedades secretas del cielo, fiera, que para portentos naces, el haberte revocado la sentencia inexorable de tu muerte, que sino pedazos hecho...
Alejandro	Aguardadme, villanos, veréis si soy de veras portento.
(Vase.)	
Carlos	¿Que áspid nació con tanto veneno, ni qué Africano Cerastes? aguarda, Alejandro, espera que aunque esas ofensas haces a la sangre que tenemos, al riesgo de acompañarte a que tu furor te opone...

(Sale Diana a un balcón.)

Diana	Carlos es, quiero llamarle.

Carlos	Alejandro, espera.
Diana	¡Ah, Carlos! ¡Ah, Carlos!
Carlos	La voz de un ángel me detiene, que es Diana, que como Diana sale rayos de plata esparciendo, dando a la noche cobarde presunciones contra el día.
Diana	Más que las voces suaves de la música, el rumor de las cítaras de Marte me han obligado a salir a este balcón, que en la calle os recelé con peligro.
Carlos	Mil años el cielo os guarde, que basta para lograllos en mi fortuna inmortales, ese cuidado de veros, aunque con tantas os pague almas como pensamientos. Yo voy siguiendo el alcance de mi hermano, que ha tenido con las sombras, con el aire no sé que ocasión aquí, y es forzoso no dejalle de la mano, aunque primero, juzgándome de la parte contraria, me ha herido.

Diana	¿Herido?
Carlos	No es nada, en un brazo; dadme
licencia, y la grosería
de dejaros perdonadme,
pues veis que es deuda precisa
el acudir a mi sangre.
Diana	Esta banda, y este lienzo
en lugar del dueño bajen
en este lance a serviros.

(Echa una banda y un lienzo.)

Carlos	Serán para eternizarme.
Diana	¡Ay, Dios! Mi hermano recelo,
Carlos, que ha entrado en la calle;
retiraos de suerte que él
no os encuentre a estos umbrales
y averigüe las sospechas
que de nuestras vistas trae,
que aunque para el casamiento
que intentáis somos iguales,
es Güelfo y vos Gibelino.

(Vase.)

(Sale Federico.)

Federico	Un hombre (si en engañarme
no está conmigo la noche
falsa) me parece, que antes
que yo llegase a mi puerta

                          estaba, y del sitio parte

(Recatándose Carlos.)

                          agora la calle arriba,
                          procurando recatarse
                          de mí; mis sospechas andan
                          cerca del último examen;
                          sin duda que galantea
                          este a mi hermana; alcanzalle
                          pretendo, y reconocelle
                          aunque me cueste arriesgarme.

Carlos   Federico me pretende
                          seguir, y no he de aguardalle
                          por Diana, y por poder
                          ir tras Alejandro.

(Vase.)

Federico   Tarde
                          lo he intentado, que ya ha vuelto
                          la esquina, y es disparate
                          y temeridad seguille
                          y yo a mí propio agraviarme;
                          que puede ser diferente
                          de lo que sospecho pase
                          solamente por antojo.

(Sale, Cosme, gracioso, criado de Alejandro.)

Cosme   Que aquí viniese a buscalle
                          me mandó Alejandro, y fuera
                          para mí dicha muy grande

no encontrar con él, que sirvo
a un duende, a un demonio. Tate,
que aquí hay gente; y si no es él,
defiende el puente gigante
desmesurado.

Federico   Otra vez
el hombre vuelve a la calle,
o arrepentido de haberse
recatado en semejante
ocasión, o presumiendo
de hallar el puesto sin nadie;
al paso quiero salille.

Cosme   Ni el compás de andar ni el talle
es de Alejandro, ¿qué haré?

Federico   ¿Quién va?

Cosme   ¿Quién viene?

Federico   ¡Notable
respuesta!

Cosme   Traigo mojada
la pólvora.

Federico   ¿Qué lenguaje
es ese?

Cosme   El que me enseñaron
mis abuelos y mis padres;
perdone vuesa merced.

Federico	Pues vuélvase.
Cosme	Que me place.
Federico	Y advierta, en su vida que por esta calle no pase.
Cosme	Sea muy enhorabuena, que eso dijeron a Zaide, y no era tan obediente como yo, con mil quilates.
Federico	Hombre de gusto parece.
Cosme (Aparte.)	(¡Lo que yo porque llegase Alejandro diera!)
Federico	¿Cómo no se acaba de ir?
Cosme	Iranse cuando vuesarced quisiere, que no son bestias.
Federico	Aguarde.
Cosme	Obedezco.
Federico	¿Qué buscaba en este sitio tan tarde?
Cosme	Yo lo diré, que fui amigo siempre de decir verdades. Alejandro, hijo mayor

	de César de Salviati, en Florencia conocido por sus raras mocedades y notables travesuras, en esta casa...
Federico	Adelante.
Cosme	A Diana galantea, que es un florentín arcángel, hermana de Federico de Médicis, y es su amante Carlos, su hermano también y uno del otro no sabe. Sirvo a Alejandro, y mandome, que por aquí le buscase, y vengo de muy bellaca gana a estas horas a darle ese gusto, porque tengo desde el vientre de mi madre muy poquita inclinación de ver de noche las calles, y a las lechuzas las dejo que son más fantasmas que aves.
Federico (Aparte.)	(Confesó de plano el hombre sin darle tormento. ¡Cuáles son los criados!)
Cosme	¿Ireme?
Federico	Bien puedes irte o quedarte.
Cosme	También pienso que a Casandra,

	(que es hermana de los tales
	Alejandro y Carlos) quiere
	Federico, para que anden
	trocados los frenos.
Federico (Aparte.)	(Todo
	este villano lo sabe.)
Cosme	Y a no ser bandos contrarios
	llegarán a declararse
	y a pedillas por mujeres,
	que, durante el doncellaje,
	no lo son, que son enigmas,
	son sabandijas neutrales,
	ni bien hombres, ni bien hembras,
	ni bien pescado, ni carne.
Federico	Darme a conocer no quiero;
	disimulando, y dejalle
	en este puesto, y volver,
	después que deje la calle,
	a entrarme en casa.
(Vase.)	
Cosme	Él se fue,
	y me dejó; nuevo achaque
	debió de calle en la testa;
	pero por estotra parte
	viene otro hombre, que parece
	espárrago de las Laudes;
	porque ya han dicho maitines,
	y dellos a salir tañen
	estas monjas Filomenas

            profesas, que aquí adelante
            viven.

(Sale Damián, segundo gracioso, con espada y embozado.)

Damián   Dormime, por Dios,
            que con el nuevo romance
            me arrullé, el broquel por cuna,
            y como si fuera en Flandes;
            de la música el suceso
            no he sabido, ni a qué parte
            se fue Carlos, mi señor,
            que aún no han quedado señales
            de haber pisado estas piedras
            plantas humanas.

Cosme   Tornarme
            no parece bien, que ya
            me ha visto y será brindalle
            con el miedo a más valor,
            que no trae el hombre talle
            de menos miedo que yo,
            y de cobarde a cobarde
            vence el que acomete.

Damián (Aparte.)   (Aquí
            está un asombro de Marte.)

Cosme   ¿Quién va?

Damián   ¿Por qué lo pregunta?

Cosme (Aparte.)   (Respondió con espantable
            despejo: yo me he engañado,

	la calle llueve Roldanes.)
Damián	¿Qué dice?
Cosme	Aquí no se dice, sino solamente se hace.
Damián	Pues saque la espada.
Cosme	Quiero saber antes que la saque si es Güelfo o es Gibelino.
Damián	Soy cuatro mil Barrabases.
Cosme	¡Puto! ¿Cuatro mil?
Damián	Y son pocos.
Cosme (Aparte.)	Pues vuelva a endiablarse por más al infierno, si hay en él más de ese linaje. (Sufriéndome va.) Que voto a Dios, que con la de Juanes se los haga pepitoria todos.
Damián (Aparte.)	(El hombre es de partes y con él no hay burlas.)
Cosme	Ea, ¿qué responde?

Damián	No me canse, que le echaré en un tejado con un dedo.
Cosme	¡Lindo saque!
Damián (Aparte.)	Que mal a Damián conoce. (En yendo sufriendo, dalle, que es regla de los gallinas.)
Cosme	¿Es Damianillo?
Damián	Es Galafre, Oliveros y Roldán, y todos los doce Pares.
Cosme	Damianillo es.
Damián	¿Es Cosmete?
Cosme	Dame esa mano, vinagre, que me has vuelto el alma al cuerpo y tú y yo a dos elefantes.
Damián	Somos ratones.
Cosme	De un nido, pues a dos hijos y a un padre, en una casa servimos.
Damián	No puedo dar un alcance a Carlos.
Cosme	Ni yo a Alejandro.

Damián	Fuerza será ir a buscalle,
	que me he quedado dormido
	sobre aquellos pedernales
	como si fueran colchones,
	al son de ciertos gaznates
	que trajo aquí (Dios nos libre),
	a hacer gárgaras.
Cosme	No sabe
	que han conmutado en dinero
	las damas a los galanes
	las músicas.
Damián	Es galán
	a lo antiguo; Cosme, dame
	licencia para buscar
	a mi amo.
Cosme	Alá te guarde,
	que es moro, y es renegado
	el que a estas horas los mares
	destas calles surca en corso
	tras dos demonios andantes,
	y pues Cosme y Damián somos
	desde hoy amigos tan grandes,
	júntenos un orinal
	a los dos de aquí adelante.
Damián	Esa fue siempre la insignia
	de los Cosmes y Damianes.
Cosme	Adiós.

Damián   Adiós.

(Vase.)

(Sale Alejandro por donde se quiere ir Cosme.)

Alejandro   ¿Quién es?

Cosme   Otra
                                 aventura.

Alejandro   ¿Quién va?

Cosme   Nadie.
                    que yo ya no voy ni vengo
                    a puro desatinarme.

Alejandro   ¿Es Cosmillo?

Cosme   ¿Es Alejandro?

Alejandro   Si tardas más en nombrarme,
                    contigo en esotro mundo
                    doy de una estocada.

Cosme   ¡Zape!
                    Gran diligencia es, por Dios,
                    para tan largo viaje.

Alejandro   ¿Qué te has hecho?

Cosme   No he podido,
                    por más que he andado, encontrarte,
                    ¿qué te ha sucedido?

Alejandro	Estoy sin mí de cólera; dame atención, que de un prodigio quiero, Cosme, cuenta darte.
Cosme	De las orejas abajo seré una estatua de jaspe.
Alejandro	Ya sabes que a Diana, como del Sol, de Federico hermana, adoro de manera que aspiro a Salamandria de la esfera con humanos despojos del soberano incendio de sus ojos; bien que en sus dulces rayos que nievan soles, y que llueven Mayos, amante mariposa por imposibles de jazmín y rosa, dando tornos altiva, mil veces muero, porque tantas viva, y abrasado la adoro en piélagos de luz y abismos de oro. Este ingrato despego, este desdén, este invencible fuego, y el no esperar mudanza, desesperaron tanto mi esperanza que esta noche he intentado el último remedio a mi cuidado. Por ese monasterio adonde, el cielo solo tiene imperio, y despechado y loco a nueva furia agora me provoco; aunque es pretexto injusto

a la violencia remitir el gusto,
y gozar a Diana
por fuerza, que el amor todo lo allana,
en su propio aposento,
que por una pared deste convento
tiene fácil la entrada,
empresa loca fue, pero fue honrada.
Al fin, cuando al sosiego
común todas las monjas (ardo en fuego
de furor todavía)
estaban, para dar a mi porfía
fin, y a mi ciego antojo,
sobre aquella pared la escala arrojo,
y apenas puesta estuvo,
cuando a asaltar por ella al cielo subo,
sin recelar contrario;
y al tiempo que resuelto y temerario
quiero arrojarme dentro,
cuatro bultos me salen al encuentro
con antorchas por ojos,
y abortando después volcanes rojos,
diciendo el uno dellos
(aquí se me erizaron los cabellos,
y en mi vida he tenido
miedo, si no es entonces, conocido):
«De la escala arrojadle,
precipitadle todos y matadle,
que para que le demos
la muerte comisión de Dios tenemos».
Quise, hacer resistencia
en mí, volviendo a la infernal violencia;
y como desde el cielo
bajé rodando por la escala al suelo
de camino tan agro,

quedando con la vida por milagro,
de mi valor profundo,
y presumiendo poca empresa el mundo,
Florencia, átomo o nada,
con aqueste broquel, y aquesta espada,
sin alas por el viento,
tomar venganza del infierno intento;
desbocado caballo
volver quiero a la escala, y no la hallo;
no hay riesgo que me ataje,
y por lograr mi bárbaro coraje
cuanto encuentro atropello,
veneno exhalo desde el pie al cabello:
hiero a Carlos, mi hermano,
topándonos los dos: la voz en vano
primera repetida
seguir procuro, y más de alguna vida
cuesta mi diligencia;
barro de hombres las calles de Florencia:
para mi desatino
todos son Güelfos, nadie es Gibelino,
y de polvo y sudor, ciego y bañado,
como toro español agarrochado
que del coso se escapa,
con esta vida y con aquella capa,
y con los dos lunados
cometas de caballos y tablados,
fue sangriento destrozo,
penacho haciendo de un errado trozo,
al arrugado cuello
que tremola arrogante por rompello,
viendo que le embaraza
y con él las estrellas amenaza,
que con bramidos roncos

vuelve otra vez a visitar los troncos
del monte comarcano
de adonde fue vecino y ciudadano;
a este puesto me vuelvo,
y en él a darte muerte me resuelvo,
si tardo en conocerte;
¡tan poco de tu vida hubo a tu muerte!
Rindiose mi porfía,
llegó la aurora, y tras la aurora el día
que desterró el lucero;
y cuanto largamente te refiero
sospecho que he soñado;
ponga treguas él mismo a mi cuidado
porque temple su fuego,
y vamos a dormir, que es hora, luego,
sin que el lecho, que tanto me recrea,
campo a mis ansias de batalla sea.

Cosme   Pardiez que menos que ser
sueño el que cuentas, Señor,
que no bastara el valor
de Roldán ni Lucifer
para tanta patarata;
para un ciego en verso y prosa
era «relación famosa,
(diciendo a voces) que trata,
como dando testimonio
de corazón paladín,
un mancebo florentín,
peleó con el demonio;
y haciendo a su ardor lisonjas,
a arrojarle se dispuso
por una escala que puso
a un monasterio de monjas.

	Y después dando en el suelo
	volvió a acometelles bravo,
	Con un villancico al cabo
	contra el diablillo cojuelo».

Alejandro	Humor gastas.

Cosme	Ya llegamos
a casa, gracias a Dios;
yo me vengaré de vos,
nochecita, si allá entramos:
que estoy de sueño sin mí.

(Suene dentro un herrador.)

Alejandro	¿Quién es el martillador
vecino?

Cosme	Es el herrador.

Alejandro	Llámamele, Cosme, aquí.

Cosme	Yo voy.

(Vase.)

Alejandro	Que me da, confieso,
Notable enfado.

(Sale Cosme con el Herrador.)

Cosme	Aquí está
el señor maeso ya.

Herrador	¿Qué mandáis?
Alejandro	Señor maeso, yo vivo en aquella casa.
Herrador	Ya os conozco.
Alejandro	Mi aposento es aquel bajo.
Herrador	El intento me decid; que el tiempo pasa, y tengo mucho que hacer, que acabar y a que acudir.
Alejandro	Yo tengo más que dormir, y silencio he menester, que me trae a casa el día de rendido y trasnochado, de haberla toda pasado en cierta aventura mía. La música del martillo para arrullarme no es buena, ni la bigornia es sirena que aduerma sin oillo. ¡Voto a Dios! que si la toma de aquí a la noche en la mano y mañana muy temprano antes que beba ni coma no se ha mudado de aquí, que le tengo de mudar a los infiernos a herrar, que es lo más que se usa allí; y acierte, pues despertando

	está en el barrio a quien duerme,
	esta vez a obedecerme
	quien ha tanto que está herrando,
	y sino, lo dicho, dicho.
Herrador	¡Notable temeridad!
Cosme	Si va a decir la verdad
	él es galante capricho.
Herrador	De obedeceros no puedo
	dejar.
Cosme	No hay que replicalle
	si quedar quiere en la calle
	busque otro oficio más quedo,
	que de los siete podrá
	ser este despertador.
Alejandro	Habiendo sido herrador
	con ninguno acertará;
	y en este, el más singular
	que albéitar aspira a ser,
	yerra más lo que ha de hacer
	que acierta lo que ha de herrar.
Herrador	Quedo de todo advertido.
Cosme	Busque otro entre tantos artes,
	y Dios le eche a aquellas partes
	donde de nadie sea oído,
	para que no martirice
	de herrador con solo el nombre.

Herrador (Aparte.)   (No hay burlas con él, que es hombre
                     que hace más de lo que dice.)

(Vase.)

Alejandro   Nadie de mi gusto apela
                     a otro ningún tribunal.

Maestro (Dentro.)   Lean todos por igual.

(Deletrean y leen como muchachos de escuela, con mucho ruido, todos los que puedan; y sale el Maestro con palmatoria, cortando una pluma.)

Alejandro   ¿Qué enjambre es este?

Cosme   Una escuela.

Alejandro   No es menos que el herrador
                     esto, Cosme; al maestro llama.

Cosme   Él sale a hablar a una dama
                     que allí le aguarda.

Alejandro   ¿Ha, Señor
                     maestro?

Maestro   ¿Qué me mandáis?

Alejandro   Escuche atento.

Maestro   Decí.

Alejandro   Ya sabrá que vivo aquí.

Maestro	Por muchos años viváis.
Alejandro	Yo vengo a dormir ahora y una mosca me despierta, cuanto más junto a mi puerta tanto tiple.
Maestro (Aparte.)	(Me enamora el Alejandro.)
Alejandro	Haga luego, como dicen, por soltallos y a sus casas enviallos dejando el barrio en sosiego; y mañana múdese a otro muy lejos de aquí; que si no lo hace así, voto a Dios (escúcheme) que yo lo haga de modo (si me obliga a que me enoje) que en un tejado te arroje con bancos, mesas y todo el adorno, el badulaque de la escuela, y le sujete a hacella en un caballete, y para los niños saque (porque del furor que doy muestras no reservo nada) una comisión firmada de Herodes.
Maestro (Aparte.)	(Temblando estoy.) Digo, que obedeceré todo cuanto me ordenáis.

Alejandro	Libre con eso quedáis
y yo a gusto dormiré.
Maestro	Y yo os soñaré de aquí
adelante.
Alejandro	No haréis mal.
Cosme	Un miedo lleva Pascual
como Cirio.
Maestro	Voy sin mí.
No estaré aquí a mediodía.
De quién es da testimonio.
¡Válgate Dios, por demonio!

(Vase.)

Cosme	Con esto queda vacía
de todo rumor la calle
y con gran facilidad
redimes la vecindad
que de venir tiene talle
a agradecértelo todos,
que a un martillo y a una escuela
¿qué bronce no se desvela?
que son de tormentos modos
que no los tiene el infierno,
no quitando pormenores,
los coches y empedradores.
Alejandro	Ya he puesto en eso gobierno,
que por un empedrador

	y un cochero que maté,
	ninguno dellos a pie,
	ni a caballo, con valor
	ni libertad han quedado
	para pasar por aquí.
Cosme	¡Qué buen gusto!
Alejandro	Por allí
	hemos de entrar (si he llevado
	la llave de aquel postigo)
	por no encontrar a mi padre
	que me gruña ni me ladre
	que es mi mayor enemigo.
	Aquí está la llave; toma,
	Cosme, y adelantate
	a abrille, que estoy en pie
	dormido.
Cosme	Otro moro asoma.

(Arriba un Pregonero, con una colcha en la mano.)

Pregonero	Vengan a la almoneda
	con moneda;
	vengan a la almoneda.
Alejandro	¿Pregonero? ¡Ha, Pregonero!
Pregonero	Cien reales dan
	por la colcha.
Alejandro	¡Ah ganapán!

Pregonero	¿Quién puja?
Alejandro	¡Ah vinagre, ah cuero!
Pregonero	¿Queréis la colcha?
Alejandro	¡Ah, borracho!

Voto a Dios, si pregonáis
más, y la voz levantáis
solicitando el despacho
de esa almoneda, que os eche
desde ese balcón a hacer
la almoneda a Lucifer.

Pregonero ¿No queréis que me aproveche
del oficio?

Alejandro Picaron,
eso ha de ser muchas millas
de aquí, en las siete cabrillas;
si subo arriba al balcón,
que tengo mi casa aquí
y voy a dormir agora,
por haber hasta la aurora
pasado la noche así
muy cansado y muy rendido,
y no es bien que un pregonero
(que parece mal agüero)
me esté gritando al oído;
y, en efecto, esto ha de ser,
porque es mi gusto.

Pregonero (Aparte.) (Él lo toma
de veras, y aunque no coma,

| | no quiero con Lucifer
pesadumbres ni ocasión.) |
|---|---|
| Alejandro | ¿Qué dice? |
| Cosme | ¿Qué ha de chistar?
Sitio bajarse y echar
en otra parte el sermón
porque este púlpito no es
a propósito. |
| Pregonero | Yo quedo
sin mí y temblando de miedo. |
| Alejandro | Vámonos a dormir, pues,
que después de lo cansado
de suerte el sueño me llama,
que he de arrojarme en la cama,
Cosme, vestido, y calzado. |
| Cosme | Dormir los kiries espero;
pues te aclamo vencedor
de una escuela, un herrador,
y de todo un pregonero. |

(Vanse.)

(Sale César con barba blanca, una daga en la mano, y Casandra deteniéndole, y Carlos con la banda en el brazo izquierdo que le dio Diana, y Damián con él.)

Casandra	¿Señor, Señor?
César	No me impidas,
Casandra, por amparalle,

	con este acero quitalle
a este villano mil vidas,
que con vergüenza tan poca
se viene de divertir
a estas horas a dormir.
Carlos	Escucha.
César	Cierra la boca,
ingrato; pues para el yerro
que has hecho en esta ocasión
no tienes satisfacción.
Carlos	Si mi hermano...
César	Calla, perro;
que querrás dar a tu hermano
la culpa de tus excesos,
cuando tú de sus traviesos
pasos pudieras, no en vano,
corregir los desperdicios,
aunque seas el menor,
con cordura y con valor.
Carlos	Señor, ¿cuándo he dado indicios
los menores de faltar
a tu obediencia, he salido
un punto della atrevido?
¿Quién se queja en el lugar
de mí?
César	No me satisfagas,
pues a estas horas de fuera
vienes.

| Casandra | Señor, considera,
cuando ese cargo le hagas,
que es mozo, y que alguna vez
no es mucho un descuido veas
del primer yerro; no seas
tan riguroso juez.
Con sus amigos se habrá
esta noche entretenido
como hace Carlos. |

| Carlos | No ha sido
esa la ocasión, quizá,
por estorbar a mi hermano
despeños de su furor,
vengo a estas horas, Señor,
y aun he venido temprano,
que he de volverle a buscar,
porque por toda Florencia
no le he podido encontrar. |

| Casandra | Por la puerta del jardín
pienso que se recogió
agora a su cuarto. |

| Carlos | Dio
con eso a mis ansias fin,
que por seguille he tardado
tanto en recogerme. |

| César | Sí;
para disculparte a ti
gentil achaque has hallado;
porque él tiene de travieso

	opinión en el lugar,
	le querrás hoy prohijar
	por suyo tu loco exceso,
	y quizás tú haces callando
	mayores temeridades
	que él que está sus mocedades
	por las calles pregonando.
	Tú con más hipocresía
	quizá encubres más maldad.
Carlos	Tiénesle más voluntad
	que a mí, o es desdicha mía;
	que sabe el cielo, que en cuanto
	puedo parecer que soy
	hijo tuyo, muestras doy.
César	Eres un ángel y un santo.
Carlos	No soy santo ni ángel; mas
	obedecerte deseo
	y darte gusto.
César	No creo
	en los pocos que me das,
	que esa es verdad.
Carlos	¿Hete dado
	otra pesadumbre yo?
Casandra	Siempre, Carlos, se llevó
	la inclinación y el cuidado
	con los padres, en los hijos
	el más travieso; aunque aquí,
	el estar hoy contra ti,

de amor nace.

Damián
¡Qué prolijos
son los padres en llegando
a ser viejos, sin razón
de envidia, de ver que son
mozos los hijos!

César
En dando,
Casandra en eso, me harás
perder el entendimiento;
no ha de quedar un momento
en casa.

Carlos
Muy bien harás,
si en eso gusto te doy.

César
Y este picaño también
ha de volar, que es con quien
se acompaña.

Damián
También soy
más que Cosme desdichado.

César
Sois un bellaco.

Damián
Y aún dos;
pero hombre de bien, por Dios,
y fiel y leal criado.

César
¿No me respondéis?

Damián
¿Soy yo
esclavo de nadie acaso?

                Yo soy hombre.

Carlos   Paso, paso,
que habláis con mi padre. ¡Oh!

César   ¿Os dio esas alas, picarón,
Carlos, vuestro amo? Por vida
de Casandra, que no impida
para que en esta ocasión
os muela a palos, villano,
mi furor su valimiento.

Carlos   Señor, deste atrevimiento
y el mío, os pido la mano;
que yo le castigaré
como es razón y me toca.

(De rodillas.)

Damián   Digo, que he hablado por boca
de ganso.

César   Levántate,
que no quiero hazañerías
tuyas.

Carlos   Obediencia son,
respeto y obligación.

César   ¡Qué neciamente porfías!

Carlos   Pues los pies te he de besar,
Señor, cuando no me des
la mano.

César	Manos ni pies
	te he de permitir tocar.
	¿Qué banda es esa? ¿Es herida?
Carlos	Es un golpe que me he dado.
César	Que no le hayas achacado,
	llamándole fratricida,
	a Alejandro, me admiró,
	porque crédito te diera.
Carlos	No fuera mucho que él fuera
	la causa.
César	¿No digo yo?
	Vive Dios, que las mentiras
	que das por disculpa aquí,
	con arrojarte de mí
	he de castigar. —¿Qué miras?
	¿Qué murmuras entre dientes?
Carlos	Yo, Señor, bien sabe Dios...
César	Tomad la puerta los dos,
	cómplices y delincuentes
	de mi disgusto, y jamás
	por ella volveros vea.
	—¿A qué aguardáis?
Carlos	Señor...
César	Ea.

Casandra	Cruel con Carlos estás.
César	Esto, Casandra, ha de ser, y no será el mundo parte...
Carlos	Si en eso gusto he de darte, yo te quiero obedecer.
César	Y agradeced que este acero no os rompe el pecho, villano.
Carlos (Aparte.)	(Crueldad que intentó un hermano también de un padre la espero.)
César	¿Qué decís?
Carlos	Que ya me voy.
César	Haced cuenta que esta casa no está en el mundo, y si os pasa por la memoria que soy vuestro padre, no creáis sino que ha sido ilusión. Flandes hay, y en la ocasión, mejor que en Florencia estáis; que aun en Florencia no quiero veros delante de mí.
Damián	Vámonos, Señor, de aquí. ¿Qué esperas más?
Carlos	Nada espero; solo me pesa dejar enojado al padre mío.

Damián	Este no es padre ni tío, suegro le puedes llamar.
Carlos	Vamos, Damián.

(Vase.)

César	¿No se han ido?
Damián (Aparte.)	(Ya se van, don Faraón, que tienes el corazón más que esotro empedernido, y con plagas han de hacerte enternecer y ablandar.)
Casandra	Sin mí quedo de pesar.
Damián (Aparte.)	(De probar vinagre fuerte el Longinos ha quedado.)
César	¿Oye, hermano, compañero? Cierre esa puerta.
Damián	No quiero, que ya no soy su criado.

(Vase.)

César	¿Qué dijo?
Casandra	No le escuché.
César	¿Parece que lloras?

Casandra   Sí,
            que es Carlos mi hermano.

César   Y di,
            Casandra, ¿no le engendré
            a Carlos yo?

Casandra   Hoy te has cegado
            de cólera, de manera
            que ninguno lo creyera.

César   Casandra, es razón de estado,
            unos mismos pasos sigo
            a la imitación de Dios,
            trocando en mis hijos dos
            la caricia y el castigo.
            A este riño, a aquel regalo,
            a uno apruebo, a otro condeno,
            porque el malo se haga bueno
            y el bueno no se haga malo.
            Estos mis designios son,
            dale, cuando despertare,
            lo que Alejandro gustare;
            y pues sois del corazón
            que amor paternal abrasa
            amadas prendas las tres,
            a Carlos llama después,
            Casandra, y métele en casa,
            sin dar a entender que yo
            lo sé, que esto importa.

Casandra   El cielo
            te guarde para consuelo

                            de tus hijos.

(Soñando Alejandro, diga dentro.)

Alejandro   Quien me dio
                        la vida. ¿puede intentar
                        quitármela? Es un tirano.

César   Mira que llama tu hermano.

Casandra   Señor, debe de soñar,
                        que durmiendo suele hacer
                        extremos; pero yo voy
                        a sabello.

(Vase.)

César   Siempre estoy
                        entre el amar y el temer
                        lleno de ansias y desvelos.
                        ¡Oh, hijos, lo qué costáis!
                        Desde que nacéis nos dais
                        inquietudes y recelos.
                        No hay para un padre reposo
                        en el sueño, en la comida,
                        con vosotros.

(Quédase dormido César en una silla, y cáesele la daga a los pies, y dice dentro, soñando, Alejandro.)

Alejandro   ¿De una vida
                        que me diste riguroso
                        me pretendes despojar?
                        Detén, verdugo inhumano

       contra tu hijo la mano,
       sin el golpe ejecutar;
       depón el sangriento acero.
(Sale Alejandro.) Pero ¿qué es esto? Hasta aquí
       me he levantado sin mí,
       arrebatado de un fiero
       sueño, prodigioso, en que
       mi padre muerte me daba,
       y aunque este rigor soñaba
       parece que verdad fue.
       Que el alma, siempre despierta,
       en los sueños adivina
       lo que el cielo le destina
       y su mal presagia y cierra.
       Mi padre dormido está
       en esta silla ¡ah, cruel!
       y una daga cerca dél
       desta verdad muestras da.
       Con esta quiero quitalle

(Toma la daga que está en el suelo.)

       la ingrata vida primero,
       y con el injusto acero
       que me amenaza, matalle,
       antes que me quite a mí
       la que sin querer me dio;
       porque primero soy yo
       que mi padre; muera ansí
       padre que intenta mi muerte,
       que matando la ocasión
       vanos mis temores son,
       y aseguro desta suerte
       mi vida.

(Vale a dar, y despierta el viejo.)

César   ¿Qué es lo que intenta
en mí tu brazo inhumano?

Alejandro   Darle, no sé, de la mano
(Cáesele el acero.)   (O ha sido miedo o afrenta
de tan enorme traición,
de pensamiento tan fiero)
se me ha caído el acero,
y con él el corazón.
Parece que exhala fuego
por los ojos y el semblante;
quiero quitarme delante
que estoy a tus rayos ciego.
Que este impulso que en los dos
con la sangre el alma mueve
es respeto que se debe
a los padres como a Dios.
Y pues inhumanos nombres
los cielos me están poniendo,
con los brutos me iré huyendo,
de los ojos de los hombres.

(Vase.)

César   Parece que todo ha sido
sueño, que también soñaba
yo que a Alejandro (¡ay de mí!)
quitaba de la garganta
la cabeza. Sin mí estoy.

(Sale Casandra.)

Casandra   Señor, ¿qué voces...?

César   Casandra,
no ha sido nada. ¿Volviose?

Casandra   ¿Quién?

César   Alejandro a la cama.

Casandra   No sé que se haya, Señor,
levantado della.

César   Guarda,
Casandra, ese acero allá;
que hubiera sido... ¡Sin alma
del sueño, y de ver sin ella
a Alejandro, estoy!

Casandra   Aguarda;
¿qué hubiera sido?

César   Instrumento
de mi muerte.

Casandra   El cielo haga
inmortal tu vida.

(Salen Diana y Laura, con mantos.)

Diana   Aquí
pienso socorrerme, Laura,
del rigor de Federico.

Laura	¿Pues conoces esta casa?
Diana	No la conozco; mas ¿dónde no se amparará la causa de una mujer como yo?
César	Acá se entraron, Casandra, dos mujeres.
Diana	Caballero, cuyas venerables canas, la noble de vuestra sangre ostenta. —Hermosa dama, que merecisteis ser hija suya, o deuda muy cercana según los indicios veo y lo contestan las caras que como si entrambas fueran dos cristales se trasladan; amparad una mujer noble, que huyendo se escapa de la crueldad, de la furia, de los celos, de la rabia de un hombre, un rayo, un demonio, que quiere tomar venganza en mí deste agravio, y viene contándome las pisadas, residenciándome el viento y alentando las espaldas. Hombre sois, y habréis tenido amor, amparad mis ansias; mujer sois, y estáis sujeta a amar, pues brutos y plantas lo están, socorred mis penas,

                     y habréis comprado una esclava;
                     que obligaciones como estas,
                     con la vida aun no se pagan.
                     Ya le siento, ya le escucho,
                     ya me parece que pasa
                     de los umbrales, y pone
                     los pies en aquesta cuadra;
                     ya escupiendo por los ojos
                     veneno, el acero saca;
                     y con mi sangre... no sé
                     lo que digo de turbada.
                     ¡Valedme contra este monstruo,
                     que me traen sus amenazas
                     sin corazón en el pecho
                     y entre los dientes el alma!

César   Detrás de aquellos damascos
                     os esconded, que a estas canas
                     pagará el justo respeto
                     que les debe toda Italia.

Diana   Aun no pienso que estaré
                     segura en una muralla
                     del incendio de sus ojos,
                     que flechan pólvora y balas.

Casandra   ¡Notable suceso!

(Sale Federico, terciada la capa.)

Federico   Aquí
                     se entró mi enemiga hermana
                     o me traen loco los celos.

César	Caballero, ¿qué demanda a entrar desta suerte os mueve desalumbrado en mi casa?
Federico (Aparte.)	(Siguiendo (¡válgame el cielo!) con su padre y con Casandra, han dado mis desatinos sin saber adonde entraba.)
Casandra (Aparte.)	(¡Qué es esto, cielos! Celoso viene siguiendo a otra dama Federico. ¡Ah, fementido galán, traidor en palabras y en obras al amor mío!)
César	No hay aquí que buscar nada.
Federico (Aparte.)	(Yo me debí de engañar, que traigo a ciegas el alma y los sentidos a escuras.) Perdonad, Señor, si basta deciros, que he entrado ciego, lleno de celosas ansias, tras un áspid, tras un tigre, tras una mujer ingrata que me ofende en el honor.
Casandra (Aparte.)	(Si está casado y me engaña con infames apariencias, sus quejas enamoradas para burlarse de mí; pero no se encubre nada al cielo, que hoy me da en esto venganza de sus infamias.)

Federico (Aparte.)	Que yo a vuestra casa tengo el respeto que le guarda toda Florencia. (Celosa parece que está Casandra, y no puedo en este lance tampoco desengañalla, diciéndole la ocasión; pues es deshonor que pasa desde mi hermana al blasón de la sangre antigua y clara de los Médicis.)
Casandra (Aparte.)	(Sin mí me tienen, cielos, las falsas lisonjas de Federico.)
Federico	De acción tan desalumbrada bastantemente os disculpan los celos.
Casandra	El cielo os haga con esa prenda dichoso.
César	Guardeos Dios. —Vamos, Casandra.
Casandra	Ya te sigo.

(Al irse la detiene Federico.)

Federico	Hermoso dueño de mi vida, espera, aguarda.
Casandra	Ingrato, ya te conozco.

Federico	Mira que te adoro.
Casandra	Aparta, que hoy por tus labios, traidor, el cielo me desengaña de tus mentiras.
Federico	El cielo sabe que te ha dado toda el alma...
Casandra	Vive Dios, mal caballero, que si a quien soy no mirara...

(Sale Carlos.)

Carlos	¿Qué es esto?
Casandra	¡Mi hermano, ay Dios!
Federico (Aparte.)	(En ocasión bien extraña, Carlos, su hermano, llegó.)
Carlos (Aparte.)	(Federico con mi hermana a solas y dando voces, saber recelo la causa.)
Federico	Discúlpeme haber pisado los umbrales desta casa, Señora, unos locos celos, que son veneno del alma, y que han deslumbrado al Sol muchas veces.

Casandra (Aparte.) (¡Que aun no callas
mis ofensas!)

Federico Y el señor
Carlos, pues ya destas ansias
puede tener experiencia;
y guardeos el cielo.

Carlos Él vaya
con vos, señor Federico.

Federico O estoy sin mí, o esta banda
que Carlos trae puesta al cuello
es de mi enemiga hermana,
y es él a quien escribía
el papel esta mañana;
y si lo averiguo, pienso
tomar la mayor venganza
que haya inventado el enojo.

(Vase.)

Carlos Esas disculpas, Casandra,
no te valdrán otra vez
conmigo.

(Al paño Diana y Laura.)

Diana Ya pienso, Laura,
que Federico se fue;
mas, si el alma no me engaña,
Carlos está aquí, y parece
que la está dando a esta dama
quejas.

Laura	Antojos serán
tuyos, pues siempre, Diana,
hasta del aire los tienes.
Carlos	Si otra vez pone las plantas
en mi casa Federico,
vive Dios, que a los dos haga
escarmiento de Florencia.
Casandra	Si lo que he dicho no basta,
no quiero a tus groserías
sospechosas y villanas
dar otras satisfacciones,
sino las que ver aguardas.

(Vase.)

Diana	Celos son los que le pide,
que las entrañas me abrasan.
Carlos	Casandra, espera.

(Al entrar, salen Diana y Laura, que la detienen.)

Diana	Yo quiero
responderte por Casandra,
ingrato Carlos.
Carlos	¡Qué miro!
¿Eres ilusión, Diana?
Diana	Tu amor lo ha sido, enemigo.

Laura
    Desta vez, después de tantas,
    dimos con todos los huevos
    en la ceniza.

Diana
             ¡Oh, mal haya
    mujer que de hombre se fía!

Carlos
    ¿Loca estás?

Diana
             Desengañada
    dirás mejor.

Carlos
             Oye, escucha.

Diana
    No he de escucharte palabra.

Carlos
    Vive el cielo que me pides
    celos de mi propia hermana.

Diana
    ¿Qué dices?

Carlos
             Esto que escuchas.

Diana
    ¿Luego esta es, Carlos, tu casa?

Carlos
    Sí, Diana.

Diana
             Ahora digo,
    que he acertado,
    por desgracia,
    una vez a mi ventura.

Carlos
    Y me tienes en extraña
    confusión.

Diana	De aqueste lance, Carlos, has sido la causa, entremos, que hay que hablar mucho.
Carlos	Tu esclavo soy.
Diana	Yo tu esclava.
Carlos	Tuya, Diana, es mi vida.
Diana	Tuya, Carlos, es el alma.
Carlos	A pesar de muchos miedos.
Diana	No pesan con mi amor nada.
Carlos	Que no hay riesgo contra el gusto.
Diana	Ni muerte para quien ama.
Carlos	Viva mi firmeza.
Diana	Y muera la envidia de mi esperanza.
Laura	Y Dios, en nombre del cura, buenos casados los haga.

Fin de la primera jornada

Jornada segunda

(Salen Diana y Laura, como acechando.)

Diana	¿Viéronle entrar?
Laura	No, Señora.
Diana	¿Fuese mi hermano?
Laura	Ya es ido.
Diana	¿Hay alguien?
Laura	No siento ruido.
Diana	Pues, señor César, agora podéis entrar.

(Sale César.)

César	Yo lo hago; llamado he venido aquí de un papel vuestro.
Diana	Es ansí; ya a las dudas satisfago que tendréis.
César	Verdad decís, dudoso estoy.
Diana	No me espanto; cierra esa puerta entre tanto.

César	¿Qué pretendéis?
Diana	Si me oís, saldréis de todo recelo.
César	No es recelo el que es cuidado, ¿qué queréis?
Diana	Yo os he llamado para un mal.
César	¿Queréis consuelo?
Diana	Consuelo es otra piedad: remedio es bien que me deis.
César	¿Pues puedo yo?
Diana	Vos podéis.
César	Pues decid.
Diana	Pues escuchad.
César	Mirad que soy Gibelino antes de hablar.
Diana	Ya lo sé.
César	Güelfo vuestro hermano fue.
Diana	Todo mi mal lo previno.

César	Enemigos siempre son vuestro linaje y el mío.
Diana	Ya lo sé, y de vos me fío con toda esta prevención.
César	¿Qué podrá ser? que estoy mudo.
Diana (Aparte.)	(No sé si en hablarle acierto.)
César (Aparte.)	(Si es pesar, él será cierto.)
Diana (Aparte.)	(Mas ¿qué temo?)
César (Aparte.)	(Mas ¿qué dudo? Siempre he de ser su enemigo.)
Diana	Vencer su amistad pretendo.
César	Pues hablad, que ya os atiendo.
Diana	Pues oid, que ya os lo digo. En vuestra casa huyendo, si no estáis olvidado, me acogí por sagrado del furor, del enojo y del estruendo que despertó un papel que vio en mi mano. Yo por entonces ciega, sin ver que es poco para ser delito un papel medio escrito que dice una afición y el dueño niega, con el temor y el susto, sin ver que no era justo por entonces huir, como supistes,

y mi hermano con vos (mas ya lo vistes)
quietando sus recelos,
fingió dejarlos o dejó sus celos.
Fuese, y yo más segura,
dando lugar a la razón, advierto
que era gran desconcierto,
cuando mi fama en esto se aventura,
hacer de casa ausencia
sin causa, dando escándalo en Florencia;
determino volverme luego al punto
a mi casa, a la vuestra tan vecina,
Casandra me apadrina,
metime en vuestro coche,
llego a mi casa, aun antes que la noche;
por mi hermano pregunto,
hablo con él, confieso que estoy ciega;
niego que hay culpa yo; Casandra ruega;
el huir me condena,
echo la culpa al miedo y a la pena,
la ocasión del papel pregunta airado,
echo la culpa al ocio y no al cuidado;
en fin, aunque recela,
ya fuese desenojo o ya cautela,
quedé en mi casa, donde en dudas muero:
mas no es aqueste el mal para que os quiero;
calle agora esta pena por ociosa,
mayor la busco, vamos a otra cosa.
Descuidada vivía,
libre mi juventud, y yo muy mía;
¿vivía dije? miento,
pasaba yo mi edad, bien dije ahora,
que cuando el pecho ignora
algún dulce desvelo, algún tormento
desto que al mundo abrasa,

no se vive la edad, sino se pasa,
que aun los bienes tal vez fueran pesados
a no estar con el mal interpolados,
cuando ese monstruo fiero
cizaña universal del mundo entero;
cuando esa dulce guerra,
ocasión de las paces de la tierra;
ese invencible fuego,
padrastro de la vida y del sosiego
esa dulce armonía,
música de la sangre y simpatía;
esa llama ambiciosa
que hasta el último estrago no reposa,
veneno del oído,
tósigo del sentido,
del tacto hechizo breve,
y ponzoña suave, que la bebe
con acíbar de enojos
el paladar inmenso de los ojos;
amor, en fin, que aqueste es su apellido,
si no está por las señas conocido;
amor, en fin, por fuerza, por halago,
por elección, por gusto, por estrago,
por razón, por destino,
me inclinó; mas yo soy la que me inclino
a un caballero; mal mi asunto empieza
que no me fue motivo la nobleza;
a un hombre tan galán; mas poco he dicho,
que gala a solas no llenó el capricho:
a un amante tan firme, no es bastante,
que nadie quiere al otro por amante;
a un joven tan valiente, no lo entiendo,
que valiente no más es solo estruendo;
a un hombre tan discreto, no lo escucho,

que a discreción no más le falta mucho;
no sé qué señas dé, ni amor las rige;
a Carlos, vuestro hijo, ya lo dije,
ya me atreví, no importa, poco ha sido,
lo más es confesaros que he querido;
porque en una mujer de mi respeto
el todo está en amar, no en el sujeto,
que en desvelos que llego a confesarlos,
yo monto más, pues sépase que es Carlos;
Carlos es el que adoro,
por Carlos me arriesgué, por Carlos lloro;
a él mi estrella me inclina,
Güelfa es mi sangre, el alma Gibelina;
no quiere tanto el prado,
de la sed del estío atormentado,
nube de oculta plata
que en líquidos alivios se desata;
menos afectuosa,
acechando la luz, quiere la rosa,
ajada de la noche,
dividiendo las cárceles del broche,
el arrebol, o afeite de la aurora,
lavándose la cara en lo que llora;
no tanto, en fin, desea
ponerse del verano la librea
por parecer quizá menos anciano
ese monte galán que está tan cano,
aunque aspiraba a eterno
de sufrir pesadumbres del invierno;
no tanto el peregrino
quiere la luz que le gobierna el sino;
no tanto el caminante,
solo, ciego y errante,
escuchando distantes los latidos,

la cabaña acechó con los oídos;
no tanto quiere el fuego
de su región el natural sosiego;
su centro lo pesado,
el puerto el navegante derrotado;
el agua el pez, el rico su tesoro,
el avariento el oro,
el jardín los albores,
los campos al Abril, al Sol las flores,
la noche el triste, y el enfermo el día,
como a Carlos adora el alma mía.
pues, César generoso,
si en vuestra edad primera
probasteis del amor la llama fiera,
si amar supisteis, que será forzoso
venzaos una terneza,
una pasión, un llanto, una tristeza,
un amor deste modo,
y el confesarlo yo, que es más que todo.
Yo adoro a Carlos, y ha de ser forzoso,
si se resuelve el mundo, ser mi esposo;
mi hermano, receloso, aunque halagüeño.
En voz, en vista y sueño,
me parece que finge, estudia y piensa
algo contra mi vida por su ofensa;
yo estoy poco segura:
mi vida, y aun mi fama se aventura
dilatado el remedio;
de todos el mejor es este medio:
Carlos mi dueño ha sido,
mi disculpa mejor será un marido.
Güelfos y Gibelinos
dejen por mí y por vos sus desatinos,
que no los llamo agravios,

que no duraran tanto en hombres sabios;
harta sangre ha lavado
ese necio rencor, que ha vinculado
por mayorazgo suyo
el odio porfiado de quien huyo;
ya los bandos que ves, y Italia mira,
se guardan más por tema que por ira;
cúbrase aqueste fuego
con las dulces cenizas del sosiego;
que nada se interesa
en avivar dormida la pavesa;
ya la ofensa (si acaso ofensa hubo)
lavada está con sangre, ya fin tuvo;
ya las señas borradas
están del tiempo, a su pesar gastadas;
pues nadie las acuerde,
si aun el tiempo, mañoso, no las muerde;
destos peñascos vivos,
que peñas son, y aun cielos vengativos
el iris de paz sea
mi amor, y vuestro celo en vos se emplea
esta hazaña piadosa;
hijo tenéis, merézcame su esposa.
Y para que hoy enlace
vuestro celo mejor la paz que hace,
hija tenéis, que al cielo desafía
y apuesta perfecciones con el día;
hermano tengo; que en hacienda y talle
ninguno en toda Italia ha de igualalle,
suya a Casandra vea,
duplíquense estas dichas porque sea
soborno tan divino
quien negocie la paz al Gibelino.
Esto ha de ser, señor César, amigo,

hazme este bien, y el mundo sea testigo
de hazaña tan honrosa,
así tu mesa con vejez dichosa
corone entre lisonjas y respetos
el repetido enjambre de tus nietos.
Así tu edad compita
con el ave que el ámbar resucita;
así burlen tus verdes lozanías
la circular carrera de los días.
Y así Parca ofendida
no adelgace el aliento de tu vida,
ni te pongan del tiempo los engaños
los instantes a cuenta de los años.
Sea Carlos un esposo,
sácame deste riesgo tan forzoso,
habla a mi hermano, fírmense las paces,
viva por ti mi honor; y si lo haces,
tierna, firme, rendida,
hija, esclava, obligada, agradecida
seré a tus obediencias
cera, que ignore siempre resistencias.
Seré Clicie constante
a cada variedad de tu semblante.
Seré metal sujeto
conducido al imán de tu respeto;
seré mar de olas llena,
a quien tu ceño servirá de arena;
neblí, volando al cielo,
de quien tu voz menor será señuelo.
Pero si no te mueve
mi voz, firme, cruel, injusto, aleve,
seré rayo violento
que no cabe en las bóvedas del viento;
seré mina abortada,

         que habla en estruendos de callar cansada;
         raudal seré oprimido,
         que inunda las campañas afligido;
         y, en fin, seré (que está más ponderado)
         mujer que su afición ha confesado,
         y sin ser remediada
         se ve perdida y llora desairada.

César   La admiración, Diana,
         de escuchar tus intentos,
         me embargó los acentos
         para dar la respuesta a que se allana
         mi atención; mas supuesta
         la admiración, escucha la respuesta.
         El Duque soberano
         de Florencia...

(Sale Laura asustada.)

Laura   Señora, apriesa, luego;
         casi muriendo llego.

Diana   ¿Qué es esto, Laura?

Laura   Pienso que es tu hermano,
         que un hombre por las tapias de la huerta
         se entró.

Diana   Sin duda es él, es cierto;
         ¿Qué haré? ¡Ay de mí!

César   No importa, que aunque viejo...

(Empuñando.)

Diana	No será, señor César, buen consejo; llévale tú allá fuera, y entraos en ese cuarto de mi hermano, donde puede decirle que le espera, fingiendo algún negocio, con que es llano que yo quedo excusada.
César	Bien decís.
Diana	Pues seguid esa criada.
César	Vamos; en su aposento a Federico le diré mi intento.
Laura	El primer viejo ha sido que hasta hoy en la comedia se ha escondido.

(Vanse los dos.)

Diana	De temor estoy muerta; ¿mi hermano por las tapias de la huerta? ¿Si pretende matarme? Huir quiero; mas no, que esto es culparme; constante aquí le espero; ya siento pasos, esforzarme quiero, y fingirme turbada; ¿Quién es? ¿quién se entra? hola, Laura, Flora, ¿No hay alguna criada?

(Sale Laura.)

Laura	¿Que das voces, Señora?

Diana   Un hombre aquí se ha entrado
en mi cuarto, atrevido y recatado.

Laura   ¡Ay de mí! demos voces.

Diana   Allá fuera
he de salir y ver...

(Sale Alejandro y Cosme.)

Alejandro   Aguarda, espera,
yo soy.

Diana   ¡Válgame el cielo!
Mayor es que pensaba mis desvelo;
hombre o monstruo cruel, ¿qué te ha movido
a entrar de aqueste modo?

Alejandro   Amor ha sido.

Laura   Hombrecillo soez y desairado,
¿quién aquí te ha metido?

Cosme   Mi pecado.

Diana   ¿Amor? ¿pues es amor el que así infama
el honor tan sin gusto de la dama?

Laura   ¿Pecado? ¿pues no hay más, señor Batueco,
que sin hablar, éntrome acá, que peco?

Diana   Vuélvete luego, al punto,
y agradece que el susto tan difunto
me tiene el corazón, que apenas deja

alimentos de voces a la queja;
que sino...

Alejandro   Calla, Diana,
no ofendas el amor mío
bautizando las finezas
con el nombre de delito.
Yo soy, Diana, que vengo
a beber todo el hechizo
de tus ojos, apurando
ese tósigo divino.
Yo soy, que huyendo furioso
de mi padre y de mí mismo
dejar pretendí a Florencia,
y vuelto desde el camino
sin poder sufrir la muerte
de un mes que ha que no te he visto,
y a hartarme de que me abrasen
aquesos incendios vivos,
pelota soy, que impelida
se vuelve irritada al sitio
de donde salió; saeta
soy que el arco ha despedido,
y de haber estado opresa
se va vengando con silbos.
Fuente soy (que de la mano
oprimida un rato) bríos
cobró de la privación,
brotada en rayos de vidrio.
Pólvora soy, que callando
en el cañón, cuanto quiso
la mano, después se venga
del silencio en estallidos.
Rayo soy, cuyas infancias

                  en el seno opaco y frío,
                  abrigadas de la nube,
                  crecen después a prodigios;
                  y, en fin, soy un hombre solo,
                  ausente de lo que quiso,
                  que vuelve con más violencia
                  que flecha anhelando al sitio,
                  que pelota vuelta al centro,
                  que cristal volando en vidrios,
                  que pólvora ardiendo en llamas,
                  que rayo tronando en giros,
                  que esto y más es quien anhela
                  por ver tus ojos divinos,
                  muriéndose de no verlos
                  y muerto de verlos visto.

Diana   Señor Alejandro, ¿cuándo
                  (aunque por vos os estimo)
                  os he dado yo ocasión
                  de ser tan desvanecido
                  que me queráis tan a costa
                  de mi vida, y de vos mismo?
                  Y ya que sufra el quererme,
                  que la inclinación no os quito,
                  quered un poco más cuerdo,
                  que adoráis con mucho ruido;
                  por la fineza de verme
                  entrándoos aquí atrevido,
                  arriesgáis mi honor, no es bien
                  ser a mi costa tan fino.
                  Volveos apriesa, por Dios,
                  o sino...

Alejandro   Asombro divino,

	que a mis nativas fierezas
	templas con dulces desvíos,
	trátame mal, no me ausentes
	de tus ojos, que aunque vivo...
Diana	¡Oh, pese a mis ojos! ¿tiempo
	es este, cuando me miro
	cercada de tantos miedos,
	de hacer requiebro el delito?
	Vive Dios...
Alejandro	No os enojéis,
	que temo (aunque soy prodigio
	de crueldades) vuestro enojo.
Diana	Pues si le teméis, yo os digo
	que os volváis de cortesía
	o de miedo; esto os suplico,
	por Dios, por mí, por mi honor,
	por vos, o, si sois tan fino,
	por mi vida, que es lo más.
Alejandro	Bien decís; lo más ha sido.
Diana	Pues apriesa, Laura; sea,
	sea sin dilución; el postigo
	del jardín...
Laura	Ya entiendo.
Diana	Presto.
Alejandro	Esperad, que ya que os sirvo,
	me pesa de que tengáis

	tanta gana...
Diana	Esto es preciso.
Laura	Vamos.
Cosme	Por postigo falso nos vacían, bellaco arbitrio; no daré por mi limpieza desde hoy más un sambenito.
Laura	Apriesa, no esté de chanza, cuando me tiene el peligro sin pulsos; atrevidón, determinadazo, altivo, que ponen en contingencia mi honor casto, claro y limpio.
Diana	Anda, Laura.
Laura	Vamos.
Cosme	Vamos, infanta del baratillo.
Alejandro	Ya os obedezco, a pesar de mi amor.
Diana	Y yo os lo estimo.

(Ha de haber una ventana en el tablado, y al irse Alejandro tiran una piedra por de dentro.)

Alejandro	¿Pero qué es esto?

Cosme	Llamaron a esta ventana, por Cristo.
Diana (Aparte.)	(Esta es la seña de Carlos.)
Laura (Aparte.)	(¡Ay cielos! este el Carlillos, apriesa.)
Alejandro	¿Y para esto era la priesa?
Diana	Alejandro, idos apriesa, que este es mi hermano.
Alejandro	¿Los hermanos hacen ruido de amantes y entran con seña?
Cosme	¿Con seña los hermanitos? Deben de ser muy carnales estos hermanos.
Diana	Ya os digo que es Federico; acabad, no me arrestéis os suplico, que me quitaré la vida.
Alejandro	No es menester, que ya os sirvo.
Laura	Vamos, pues.

(Vuelven a hacer la misma seña.)

Cosme	Otra vez llaman.

Laura
(Aparte con Diana.) Sin duda Carlos le ha oído
hablar, y llama celoso.

Diana Es sin duda gran peligro
si se ven los dos.

Laura Seguidme.

Alejandro Vamos.

Cosme Vamos.

Alejandro Ya te sigo.

Laura Mas esperad.

Cosme ¿Qué tenemos?

Laura ¡Ay!

Cosme ¿Qué te duele?

Laura Perdido
se me ha la llave.

Diana ¿Qué dices?

Cosme Mira en la manga.

Laura Ya miro.

Cosme ¿La faltriquera?

Laura	Tampoco.
Cosme	¿En la jaulilla?
Laura	Es delirio.
Cosme	¿Tampoco? mira en las naguas
a pliegues dos mil y cinco.
Laura	No parece.
Diana	¡Hay tal desdicha!
Alejandro	¿Qué determináis?
Diana (Aparte.)	(Si envío
a Alejandro, está a la puerta
su hermano; si acaso elijo
no abrirle la puerta a Carlos,
sospechará lo que ha sido,
claro está, y si dejo que entre
se encuentran aquí, y perdido
queda con ambos mi honor,
¿qué he de hacer, cielos divinos?)

(Llaman otra vez más recio.)

Cosme	¿Otra vez? ya esto no es seña
sino alguacil o ministro
que trae soplo.
Laura	¿Abro la puerta?

| Diana | Por ese cuarto, que es mío
podéis iros retirando
hasta el jardín, y escondidos
entre las hojas estar
hasta que bajen a abriros. |
|---|---|
| Alejandro | Entremos, pues. |
| Diana | Abre tú. |

(Laura se va por el otro lado.)

| Alejandro | Veré si fue Federico
escondido aquí. |
|---|---|
| Cosme | Bien haces. |

(Éntranse los dos, y dicen dentro Carlos, y Laura, y Damián.)

Carlos	Déjame, Laura.
Laura	Detente.
Carlos	O haré que los celos míos
vuelvan ceniza la casa;
yo he de entrar.
Damián	Y yo lo mismo.
Laura	Mira, Señor...

(Entran los tres, Laura, Damián y Carlos.)

Damián	No hay excusas,

	todo lo habemos oído.
Diana	¿Qué es esto, Carlos? mi dueño, mi bien, mi señor, Rey mío...
Carlos	No vengo, ingrata Diana, de mi agravio persuadido, crédulo a escuchar ternezas, cobarde a sentir desvíos, ciego a pagarme de engaños, y infamemente remiso a buscarme satisfecho cuando me encuentro ofendido; a apurar mi agravio vengo, y a ser escándalo altivo de mi ofensa despreciando aun la duda por alivio. Yo he de examinar tu casa, y el semblante aborrecido de mi agravio cara a cara he de ver, si el cielo mismo...
Diana	Detente, Carlos, espera, (apenas el pecho frío halla la voz) y detente, no creas (mas harto he dicho), no creas, pues soy quien soy, y pues siempre te he querido, lo que ves, quiero decir, lo que tú piensas que has visto; ¿dónde vas? detente.
Carlos	En vano me detienes, es delirio.

Damián   No, has de entrar, viven los cielos.

Carlos   Si se pusieran los riscos
del Caúcaso en medio, fueran
para mí celos de vidrio.

Diana   Espera.

Carlos   Es en vano.

Laura   Aguarda.

Damián   No quiero.

Carlos   Aparta, que altivo
he de ver...

(Salen Alejandro y Cosme.)

Alejandro   No es menester,
yo soy.

Carlos   ¿Qué miro?

Alejandro   ¿Qué miro?
¡Válgame Dios!

Carlos   Muerto estoy.

Damián   Por san Cosme, que es Cosmillo.

Laura   Mucho se ha apretado el paso,
aflojémosle un poquito.

Alejandro	¿Carlos en aquesta casa?
Carlos	¿Alejandro aquí escondido?
Alejandro	De cólera hablar no puedo.
Carlos	De turbación no respiro.
Diana	Los afectos de los dos en mi pecho están unidos.
Carlos	¿Pues cómo tú en esta casa viendo que a Diana estimo?
Alejandro	¿Pues cómo tú aquí sabiendo que Diana es dueño mío?
Carlos	¿Tú de Diana galán?
Alejandro	¿Tú de Diana marido?
Carlos	¿Tú a mi esposa?
Alejandro	¿Tú a mi dueño?
Carlos	¿Tú contra mi honor altivo?
Alejandro	¿Tú contra mi gusto amante?
Carlos	Vengaré los celos míos.
Alejandro	Cenizas te hará mi enojo.

Diana   Esperad, tened, que el brío,
                 echa a perder, sí, mi honor...
                 Turbada estoy... sí en mí digo...
                 Ni hallo voz para templarlos,
                 ni hallo con qué persuadirlos.

Alejandro   Habla; ¿cómo me detienes
                 cuando ardientes rayos vibro?

Carlos   Habla; ¿cómo me suspendes
                 la razón con que me irrito?

Alejandro   ¿No respondes?

Diana   Muerta estoy.

Carlos   ¿No acabas?

Diana   Todo es delito.

Alejandro   Pues vuelvo a flechar mi enojo.

Carlos   Pues vuelvo otra vez altivo.

Alejandro   Riñe, aborrecido hermano.

Carlos   Hermano cruel, ya riño.

(Riñen.)

Alejandro   Aquesta vez de tu sangre
                 me he de hartar.

Carlos   Un basilisco

	de mi agravio es esta espada.
Diana	Gran desdicha.
Cosme	Torbellinos de carne humana parecen.
Laura	Llamemos gente.

(Vase.)

Alejandro	Corrido Estoy de que tanto dures.
Carlos	Riñe, y verás un prodigio.
Alejandro	Cenizas he de volverte.

(Sale César y Laura.)

Laura	Acudid presto.
César	¿Qué ruido es este? ¡Válgame el cielo! ¿Estos dos no son mis hijos? Hijos, detened.
Alejandro	¿Quién eres?
César	Vuestro padre soy.
Carlos	¿Qué miro? Solo este nombre pudiera refrenarme; ya me rindo.

Alejandro	Aparta, riñe, cobarde.
César	¿Qué es esto, Alejandro, hijo?
Alejandro	Nadie se me ponga en medio, que llevaré de camino cuanto se ponga delante.
César	Tu padre soy.
Alejandro	Cuando riño no tengo padre; cobarde, riñe ya.
Carlos	Si no has creído mi valor, yo haré que veas...
César	Tente, infame, tente, hijo.

(Deteniendo a Carlos.)

Carlos	Ya tu respeto me hiela,
Alejandro	Más con tu vista me irrito.
César	Aparta, o haré que veas por fuerza, fiero prodigio, mi valor.
Alejandro	Espera, aguarda, ten el acero, el cuchillo, que me matas, y es impropio ser verdugo de su hijo

	un padre. ¡Válgame el cielo! Muerto soy, un hielo frío se ha introducido en mis venas.
Carlos	Suspenso estoy, y sin bríos.
César	Apartad, hijos ingratos al ser que habéis recibido, o haré...
Carlos	Ya por ti suspendo el enojo.
Alejandro	Ya desisto, a mi pesar, de mis iras.
César	Idos, pues, fieros cuchillos de mi vida y de mi sangre.
Carlos	Ya te obedezco rendido.
Alejandro	Va, a mi pesar, te obedezco.
Carlos	¿Que deidad en ti adivino?
Alejandro	¿Que en ti miro oculta fuerza?...
Carlos	¿Qué respeto con desvíos?...
Alejandro	Que me aparta con horrores, y en ti contemplo un ministro de mi muerte.

(Vase.)

Carlos   Y en ti veo
de Dios un traslado vivo.

(Vase.)

Cosme   ¡Gran prodigio!

(Vase.)

Damián   ¡Grave asombro!

(Vase.)

Laura   Secreto ha sido divino.

(Vase.)

Diana   ¡Gran deidad la de los padres!

(Vase.)

César   ¡Grande amor el de los hijos!

(Vase.)

(Sale Casandra, medio desnuda, y Federico huyendo.)

Casandra   Detente, aguarda.

Federico   Es en vano,
déjame.

Casandra   Traidor, espera,

	haz que con tu espada muera.
Federico	Suelta, Casandra.
Casandra	Villano, no has de salir.
Federico	Es cansarte.
Casandra	¡Vive Dios!
Federico	Casandra eres, ¿qué me sigues? ¿qué me quieres? Suéltame.
Casandra	No has de escaparte, que la puerta está cerrada.
Federico	Ventanas hay, que de ti huyendo no es frenesí arrojarme.

(Sácale la espada.)

Casandra	Pues tu espada ha de vengar, porque veas si mi honor más atrevido...
Federico	Bien harás, imita a Dido pues te dejo como Eneas.
Casandra	Espera.
Federico	Ya por aquí

                            he con la puerta topado;
                            adiós, que ya me he vengado
                            de tu linaje y de ti.

(Éntrase por una puerta.)

Casandra   ¡Ah traidor! mas es en vano
                            escaparte, aunque has huido,
                            que por ahí te has metido
                            en el cuarto de mi hermano,
                            que no tiene otra salida
                            si no es esta puerta, y preso
                            haré que mi honor...

(Sale el César.)

César   ¿Qué es eso?
                            ¿Qué voces?

Casandra   Yo soy perdida.

César   Casandra, ¿qué espada es esta?

Casandra   De temor estoy helada.

César   Ya tu silencio culpada
                            te deja sin la respuesta.

Casandra   Señor, si mi honor...

César   Dolor,
                            mal principio, perdonad,
                            muy grave es la enfermedad
                            que comienza por honor.

| | ¿A quién cerraste esta puerta?
Habla, si en mal tan terrible
tienes voz. |
|---|---|
| Casandra | Ya es imposible
encubrirlo, yo estoy muerta.
quiero decir mi pasión
para que apliques prudente
los remedios al doliente
conforme la relación.
y así sabe, que mi afrenta... |
| César | Tente, aguarda: ¿quién vio tal,
que tenga el enfermo el mal,
y que el médico le sienta? |

(Sale Alejandro al paño.)

| Alejandro | En casa le buscaré,
hoy mi hermano morirá;
pero aquí mi padre está,
no me vea, esperaré. |
|---|---|

(Sale Carlos por el otro lado al paño.)

| Carlos | Hoy viera Alejandro en mí,
cuando mi padre llegó...
Pero aquí está, no me vio,
pues quiero esperar aquí. |
|---|---|
| César (Aparte.) | (Muda Casandra se ve,
saber temo lo que pienso.) |
| Casandra (Aparte.) | (Mi padre calla suspenso, |

	temiendo lo que diré.)
César (Aparte.)	(Pero si en la dilación la padezco, oiga la ofensa.)
Casandra (Aparte.)	(Mas si del callar la piensa, diga clara mi pasión.)
César (Aparte.)	(Y pues de la duda sé el mal, aunque no el origen, pues más las dudas me afligen, hoy el origen sabré.)
Casandra (Aparte.)	(Y pues tengo aquí al villano que adoré, sin resistencia muera, o aquí por violencia remedie mi honor su mano.)
César (Aparte.)	(Este es el medio mejor: nadie escucha, a solas puedo perder a mi honor el miedo.) Habla, dime tu dolor.
Casandra (Aparte.)	(Esto es en desdicha tal lo mejor: vencer intento los grillos del sentimiento.) Pues oye, escucha mi mal.
César	Harto valor es oír.
Casandra	Harta osadía es hablar.
César	Pues habla, si he de escuchar.

Casandra Pues oye si he de decir.
Siempre fue pasión, oh César,
(que no he de llamarte padre
hasta que tú lo parezcas
cuando llegues a vengarme),
siempre fue pasión forzosa
(ya lo sabrás, no te espantes)
de la juventud amor,
culpa de los hombres fácil.
Permíteme que sin miedos
por este delito pase,
porque si empiezo a temer
en este, que es disculpable,
como es fuerza que te diga
otro mayor y más grave,
quizá no hallará razones
que te venzan y te ablanden,
acostumbrada la lengua
a temer en esta parte;
y así guardadas se queden
para lo más importante.
Amé, en fin, ya está supuesto,
que no culpa ser amante;
amáronme, ya se ve,
que no es mucho que me amasen.
Un principal caballero
(algo disculpa la sangre),
fue el imán de mis suspiros
y el centro de mis pesares.
Güelfo fue, y en mi delito
ser de contrario linaje
no es lo más, tampoco es esto
en lo que he de embarazarme.
Mirele como rendida,

asistiome como amante;
defendime como noble,
sufriome como cobarde.
Paso en silencio finezas,
olvido amorosos lances,
callo agora galanteos
y músicas dejo aparte,
cartilla por donde empiezan
a enseñarse los amantes;
¡oh! ¡nunca el vil Federico
lo fuera mío! pues fácil...
Pero aun no es tiempo de quejas,
presto llegarán, no es tarde;
y como en la guerra suelen
los astutos capitanes
ganar por trato la fuerza
que no supo vencer Marte,
viendo que rebelde dura
mi honor, fuerza inexpugnable,
sitiada en vano de quejas,
de halagos batida en balde,
entró por trato en las sombras
de la noche a que le aguarde
una criada, que siempre
de suyo, sin importarles,
son demonios del honor
que mueren por tener parte
en el delito, viviendo
de las culpas que otros hacen;
en fin, esta noche, ¡oh nunca
la sombra, padrino infame
de los delitos, hubiera
vestido de negro el aire!
En fin, esta noche misma,

cuando empezaba a fiarles,
a la soledad y al lecho
tantas ocultas verdades
que tuvo envueltas el día
entre las cifras del traje,
triste, asustada y confusa
veo salir (¡fuerte lance!)
de junto a mi lecho un hombre
que el susto creció a gigante.
Doy voces, él me asegura,
conozco que era mi amante.
No tanto acaso ofendido
de rústica huella errante
a morder a quien le pisa
se vuelve irritado el áspid,
como yo de Federico
culpando la acción infame
me ofende desenvainando
en ofensas y en ultrajes
cuanto una mujer (que es mucho)
decir enojada sabe,
despídole ciega y loca,
replica ciego y amante;
háblole yo con no verle,
respóndeme con mirarme;
ruega quejoso, y humilde
oigole cruel y arrogante;
no me obligo con ternezas,
no se ofende de desaires,
despídole más con voces,
y él porfía sin hablarme;
¡oh cómo son más mañosas
las porfías del semblante!
porque al fin, su amor, sus quejas,

sus ternezas, sus pesares,
sus réplicas, sus tristezas
(que engañando con el traje
pidiendo llanto a los ojos
se vistieron de verdades),
labrando, en fin, en mi pecho
poco a poco por matarme,
primero en oírle solo,
y desto un solo escucharle.
Luego atender de curiosa,
después sentirlo de fácil,
luego ciega no ofenderme,
después suspensa dejalle;
y, en fin, torpe de piadosa,
y de lastimada afable,
y rendida de mujer,
que este es el mayor achaque,
vino a formarse en mi pecho
un volcán, un fuego, un áspid,
que alimentado en mi honra
hizo en mí que yo, cobarde,
sin manos la resistencia,
y sin gana los desaires
hiciese... ¡pero qué digo!
La voz el silencio embargue,
la vergüenza el labio hiele,
no es justo que me declare.
Harto he dicho para hija,
harto entiendes para padre.
Diome palabra de esposo,
y con juramentos graves
aseguró la promesa
el traidor. ¡Oh qué mal hace
quien cree los juramentos

de tahures y de amantes!
No te irrites, no te ofendas,
que agora para ablandarte
saco aquellas prevenciones
que tuve guardadas antes.
Ya son menester, Señor,
todas aquellas piedades,
o si no rómpeme el pecho
antes que en culpa tan grave
sepas, oh padre, oh Señor.
Que aun no pararon mis males;
porque el traidor Federico,
después de rendido amante,
pretendiente estuvo fino,
premiado pagó en desaires;
porque cauteloso y fiero
(oye la maldad más grande
que caber puede en un hombre
con ser tanto lo que cabe),
cauteloso, fiero, ingrato,
después que triunfó arrogante
de mi honor, al despedirse,
en vez de halagos suaves,
me dijo (¡oh nunca en mi vida
estos órganos, capaces
de tanta especie, en mi ofensa
percibieran sus desaires!
¡Nunca entraran sus razones
a la fantasía, antes
las volantes y las cuerdas
deste reloj elegante
de la vida se rompieran
en delirios incapaces!)
porque ingrato, aleve, injusto,

me dijo, que por vengarse
de la opinión de su hermana,
de quien Carlos es amante,
fingió promesas de esposo
(¡qué extraordinario coraje!)
por vengarse de nosotros,
en mi honor más arrogante,
pareciéndole las vidas
pequeña venganza, y fácil
para el rencor que los Güelfos
tienen a nuestro linaje.
Yo, furiosa y ofendida,
hendiendo a voces los aires,
torcer sus intentos quiero;
él me paga con dejarme,
sígole ofendida y ciega;
huye culpado y cobarde;
háblole como sin honra;
respóndeme como infame;
ruego: y irrítase al ruego;
hablo, y no quiere escucharme;
deténgole ciega y loca,
quiere furioso escaparse;
sácole su mismo acero,
piensa que la puerta sabe;
entrase en aquese cuarto,
cierro advertida la llave,
llegas tú, donde en diluvios...

(Sale Alejandro.)

Alejandro   Detén, aguarda, no pases
adelante, yo te he oído.

(Sale Carlos.)

Carlos   Yo también, y he de vengarte.

Casandra   ¡Ay de mí! que en ellos temo
más rigores que en mi padre.

César   Hijos, si en esta desdicha
puede mi llanto...

Alejandro   No gastes
el tiempo en pedirnos quejas,
que no es tiempo de quejarte:
muera Federico, y mueran
cuantos Güelfos arrogantes
sangre tienen, que mi ofensa
en rojos diluvios lave.
Sepa Florencia...

Carlos   Alejandro,
no siempre tienen los males
medicina en el acero,
remedios hay más suaves.
Federico, receloso
de su hermana, por ultraje,
sin intento de cumplirlos
dijo quizá estos desaires
de Casandra en el honor.
El más peligroso achaque
es no casarse con ella,
aunque a Federico mates.
Examinemos primero
si acaso lleva adelante
los intentos de ofendernos;

	y si no quiere casarse muera entonces, que yo solo haré que Italia se espante.
César	Bien dice Carlos, bien suenan en mi oído estas piedades.
Alejandro	Calla, no ofendas remiso con razones semejantes mi pundonor, que se corren mis oídos de escucharte. ¿Fuera bueno que en los Güelfos la sangre de Salviati fuera soborno a una ofensa? ¿Con un Güelfo ha de casarse la hermana de un Gibelino, haciendo que agora falte en nosotros el rencor que anciano en las venas arde?
César	Bien dice, mi honor apoya este rigor por mi ultraje; muera Federico.
Carlos	Espera, mira, Señor, lo que haces, que su muerte solamente nuestro honor no satisface. Cuando por un brazo solo el cuerpo peligra, antes que le corte riguroso, suele el médico aplicarle otros más suaves medios, por si acaso son bastantes;

peligroso está tu honor
yo te confieso el achaque,
con sangre pide el remedio;
pero averigüemos antes
si bastan otros remedios,
y si acaso no bastaren,
cortemos el brazo entonces
para que el daño se ataje.

Casandra   Señor, aunque agora diga
que conmigo ha de casarse
Federico, será el miedo
quien por ahora le ablande,
y después quizá en mi vida
se vengará más cobarde;
y así, pues, él es mi esposo,
en cuanto a mi honra pague
el intento de ofendernos,
muriendo, y después matadme,
que con este mismo acero,
cuando las brasas me falten,
Porcia seré de Florencia
que hasta el corazón me trague
las llamas, por ver si encuentro
en él a un fingido amante.

César   Ea, Casandra, bien dices;
más tienes tú de mi sangre
que Carlos; muera el aleve.

Alejandro   Ahora sí que mi padre
has parecido, esta vez
este nombre he de llamarte;
muera Federico, inunde

                    mi venganza cuantas calles
                    tiene Florencia y los Güelfos;
                    para que mi sed se apague,
                    se desaten en diluvios
                    de humana púrpura, en mares
                    de sangre.

César   Vamos, ¿qué esperas?

Carlos   ¿Mi padre? ¿Tu...?

César   No me llames
                    padre.

Carlos   ¿Hermana?

César   No lo soy,
                    pues no te irritan mis males.

Carlos   ¿Hermano?

Alejandro   No lo pareces
                    en ser infame y cobarde.

Carlos   ¿Estáis ya resueltos?

Alejandro   Sí.

Carlos   ¿Ha de morir?

Casandra   No te canses.

Carlos   ¿No hay otro medio?

César	No hay otro.
Carlos	Pues entremos a matarle, que bien pude yo prudente lo mejor aconsejarte; mas si lo peor eliges, no fuera bueno dejarte, que bien puede errar un hijo en lo que yerra su padre.
Alejandro	Pues muera el vil Federico.
César	Lave mi honor con su sangre.
Casandra	Pague su vida su intento.
Carlos	Corran de su sangre mares.
Todos cuatro	Para que solo una ofensa con cuatro venganzas pague.

Fin de la segunda jornada

Jornada tercera

(Entren Cosme, lleno de polvo, y Alejandro, lleno de sangre, saltando poco a poco, como que salen a escuras.)

Cosme
    Tú que sabes destas cosas,
    y tú que nunca has temido,
    respóndeme, ¿dónde estamos?
    Si hemos saltado hacia el limbo,
    que este seno es para mí,
    o más propio o más debido,
    pues aunque estoy bautizado,
    contigo me desbautizo.

Alejandro
    Habla quedo y no te pierdas,
    que está a escuras.

Cosme
               Ya te digo
    que no me puedes perder
    si traes narices.

Alejandro
              No he visto
    senda o línea donde pueda
    librarme yo de mí mismo.

Cosme
    Después que con la del martes
    le has pegado a Federico,
    con la del miércoles temo
    que te han de pegar, amigo.
(Tope con un bufete.) Bufete es este, por Dios.

Alejandro
    Y esta es puerta.

Cosme
              Señor mío,

| | discurramos, que para esto
nos hizo Dios entendidos
tú esta noche te tiraste
a ese tejado vecino
desde tu casa, sin ver
que es tu tejado de vidrio. |
|---|---|

Alejandro   Dices bien, los dos saltamos,
y a esta casa hemos venido,
que no sé cuya es.

Cosme   Ni yo;

(Llamen recio a una puerta que esté en medio del teatro.)

         que llamaron imagino
a una puerta.

Alejandro   Dices bien.

Cosme   ¿Si acaso nos han seguido
cómo nos vieron saltar?

Alejandro   Puede ser; yo me retiro
hacia esta parte.

Cosme   Pues yo,
mesa como iglesia pido.

Alejandro   Puerta es esta, otra vez llaman.
Mas ¿qué importa?

(Vase.)

Cosme	Acabosito; si oyeron donde saltamos no doy por mi vida un higo.

(Métese debajo del bufete.)

(Salen Julia y Diana con una luz, medio vestida, y a este mismo tiempo llamen a la misma puerta.)

Julia	Tente ¿dónde vas, Diana?
Diana	A los golpes me he vestido que he escuchado.
Julia	¿Quién será?
Diana	¿Si es mi hermano Federico? Prueba a abrir.
Julia	Tengo temor.
Diana	El corazón atrevido, roto el volante del alma se desconcierta en latidos.
Julia	No acierto.
Diana	Deja la llave.

(Abre la puerta.)

(Sale Carlos.) Entra, acaba; ¿Federico? ¿cómo tan tarde? ¿qué es esto? Bronce helado me corrijo.

Carlos	¿Diana?
Diana	Carlos, dulce esposo,
turbada estoy, dueño mío,
imán seguro que atrae
los yerros de mi albedrío;
¿el color, cómo trocado?
¿El paso, cómo atrevido?
¿Sin rienda, cómo el deseo?
¿La pasión, cómo sin tino?
¿La voz, cómo sin palabras?
¿Cómo el dolor sin suspiros?
¿A estas horas (¡pena grave!)
arrojado (¡fuerte indicio!)
pretendes (¡poca atención!)
profanas (¡grave delito!)
el templo (¡cruel empeño!)
adonde está retraído
de tus palabras mi honor,
de tus méritos mi arbitrio,
de tus desvelos mi fama,
de tu atención mi delirio,
de tus quejas mi constancia
y mi amor de tus hechizos?
Carlos	¡Oh, pluguiera a mi dolor,
mucho juro, mucho digo,
que fueran para mi voz
más capaces tus oídos!
¡Ay mal lograda hermosura!
¡Ay rojo clavel marchito,
que el rocío te dio alientos
y se los quitó el granizo!

¡Ay desvanecida fuente,
que hoy ejemplo tuyo mismo
al monarca de los mares
pagas feudo cristalino!

Diana

No me suspendas las penas
con rodeos tan prolijos,
no es profundo mal el mal
que halla vado al referirlo;
mal que tiene fondo en llanto,
ese sí, es mal más activo;
pero el mal que hacia la voz
discurrir sabe el camino,
no es mal, pues puede explicarse;
según esto, bien colijo
que si por tantas veredas
admite tu pena alivios,
hoy, hipócrita modesto
de tu pena y dolor vivo,
parecerá que lo sientes,
mas no que sabes sentirlo.

Carlos

Como para declararle
tantas sendas solicito,
te parece que las hallo
y no es sino que las finjo.

Diana

Pues si con la voz no puedes,
con los ojos te suplico
que del alma racional
son los mejores sentidos,
que hagas la seña a tu pena.

Carlos

Diana, ya te la digo,

| | porque no hay tan muda lengua
ni labio que esté tan tibio,
que para una voz, si es sola,
no sepa esforzar suspiros. |
|---------|---|
| Diana | Pues dila presto. |
| Carlos | ¡Ay de mí!
Te he perdido. |
| Diana | ¿Me has perdido?
¿Cómo, Carlos (¡fuerte pena!)
me has perdido? muerta vivo.
¿Soy tuya? |
Carlos	No lo serás.
Diana	¿No has de quererme?
Carlos	Es preciso.
Diana	¿No he de pagarte?
Carlos	Es dudoso.
Diana	¿Por qué, Carlos?
Carlos	Te he ofendido.
Diana	¿Qué es la ofensa?
Carlos	No lo sé.
Diana	Dímela.

Carlos	Fuera delito.
Diana	¿Fue forzosa?
Carlos	Fue forzosa.
Diana	¿No prosigues?
Carlos	No prosigo.
Diana	No debe de ser gran mal
mal que yo no le adivino.
Carlos	¿Pero yo en qué me suspendo?
Diana	No tengas tan indecisos
mal colgados de tu voz
tantos linajes de indicios.
Carlos	Digo, que...
Diana	Solos estamos.
Carlos	Julia, cierra ese postigo.
(Cierre Julia.)	
Diana	Ojos tiene tu pasión:
no la temo.
Carlos	Estoy perdido.
¿Yo tengo honor?

Diana	¿Quién lo niega?
Carlos	Pues yo, dulce dueño.
Diana	Dilo.
Carlos	Tengo celos.
Diana	¿Tú con celos, y te llamas dueño mío? De mí tienes esos celos, y de tu amor lo colijo, porque cuando estáis celosos, estáis los hombres más finos.
Carlos	¿Ya sabes que tengo hermana?
Diana	Y que soy su amiga has visto.
Carlos	Pues siendo hermosa Casandra y muy galán Federico, o por amor o por tema, o ciego o desvanecido, de la fuerza de mi honor romper la muralla quiso; argos Alejandro entonces, que con cien ojos ha visto mi agravio, porque el honor es lince para el castigo...
(Llamen más recio.)	Pero a la puerta han llamado.
Diana	Sin duda que es Federico, y ansí, Carlos...

Carlos	No es tu hermano.
Diana	¿Quién será?
Julia	No lo he entendido.
Diana	Mata la luz.
Julia	Que me place.

(Mate la luz.)

Diana	Oyes, lleva a Carlos...
Julia	Dilo.
Diana	A mi retrete.

(Tome a Carlos de la mano Julia.)

(Sale Alejandro por donde entró.)

Alejandro
    A esta puerta
    han llamado, y yo no he visto,
    con requerir tantas piezas,
    a mi libertad camino;
    yo he de salir a la calle
    por la puerta.

Julia	Ven conmigo.
Alejandro	Hacia allí ha de estar la puerta.
Julia	¿No me sigues?

Carlos   Ya te sigo.

(Llamen.)

Diana   Más golpes dan.

Carlos   Mas ¿qué es esto?

(Topen el uno con el otro, y abrácense, procurando detenerse el uno al otro.)

Alejandro   Hombre es, o el tacto ha mentido,
                el que en mis brazos consiento.

Carlos   Hombre es este, que ofendido
                me suspende, valeroso,
                mis impulsos bien nacidos.

Julia   El diablo anda en Cantillana,
                ya escampa y freían tocino.

Alejandro   Bulto, ¿quién eres, que osado...?

Carlos   ¿Quién eres tú, que atrevido...?

Alejandro   ¿Me suspendes?

Carlos   ¿Me detienes?

Diana   Él encontró a Federico;
                aquí el remedio mejor
                es abrir, pues así evito
                a ejecuciones tan nobles
                tan evidentes peligros;

entre quien... ¿pero qué veo?

(Abre la puerta Diana.)

(Sale el Duque, y los criados delante, con hachas, y los dos se aparten, empuñando las espadas.)

Carlos	¿Qué es esto, cielos?
Duque	¿Qué miro?
Diana	O es ilusión de la idea...
Alejandro	O es ente de los sentidos...
Duque	O es antojo del deseo...
Carlos	O es que finjo lo que miro...
Diana	O este es Alejandro.
Alejandro	O es este mi hermano atrevido.
Duque	Estos son los que mataron inocente a Federico.
Diana	Pues muera mi amor de enojos.
Alejandro	Muera de celos mi indicio.
Carlos	De celos mi amor se queje.
Duque	Pero aquí ¿cómo han venido?

Diana	¿Aquí el gran Duque? ¿qué es esto?
Alejandro	Mi traición me da el castigo.
Carlos	Mi culpa me trae al riesgo.
Duque	La pena trae su delito.
Diana	¿En mi casa vuestra Alteza? ¿Tan tarde? sin reparar...
Duque	Tened, que os vengo a avisar
Carlos	Agora mi mal empieza.
Duque	Un suceso, que por cierto le ha de sentir mi dolor.
Diana	No me detengáis, Señor. ¿Qué es?
Duque	Que vuestro hermano es muerto.
Diana	Pues porque llore constante mi amarga infelice suerte, decid, ¿quién le dio la muerte?
Duque	Los dos que tenéis delante.
Diana	Señor... advertid... mirad... ¿Hay tan infeliz mujer?
Duque	¿Qué decís?

Diana	Que puede ser
que sea yerro.
Duque	Esto es verdad.
Diana	¿Pues cómo en tantos enojos
y en tan precisas ofensas
se atreven a estar suspensas
mis lágrimas en mis ojos?
¿Cómo a vengar no me obligo
esta injuria, esta traición?
¿Y cómo no es mi pasión
prevención de su castigo?
Sombras de otros cuerpos mudas
los dos de otros dos mitades
que a tan dudosas verdades
dais tan obedientes dudas.
Respondedme a lo que os digo,
decid, ¿quién os ha enseñado
a prevenir el sagrado
en casa del enemigo?
Decid (¡terrible dolor!
¿Cómo este afecto me llama?
pero primero es mi fama,
que es antes que fue mi amor)
¿Cómo vuestro acero atroz
le ha muerto? Mi pena irrito;
hablad, si no es que el delito
os haya helado la voz.
Carlos	Yo, ¿por qué? si ha sido ofensa,
que yo a Alejandro primero...

Diana

¿Tan retórico el acero,
y la lengua tan suspensa?
Si hubo acero a la traición
con filos para el agravio,
afilad la lengua al labio
y pasadme el corazón;
ea, que yo esperaré
en tanto abismo de males
vuestras heridas mortales.

Alejandro

Oíd, que, yo os lo diré;
que ya sabéis, imagino,
que soy cruel y tirano,
que era Güelfo vuestro hermano,
y que yo soy Gibelino;
pues con cauteloso amor,
sabed, que amante o astuto
pretendió coger el fruto
en el jardín de mi honor;
tengo hermana, y es mujer;
y, en fin, con amor sin par,
como él la supo engañar
ella le supo querer;
del caso me aseguré
con evidencias bastantes,
porque siempre los amantes
piensan que nadie los ve;
llamé a mi padre y mi hermano:
su sangre helada encendí,
ellos cuerdos, yo sin mí,
ellos crueles, yo inhumano,
o por valor o por suerte,
que el vencer fortuna es,
hemos cobrado los tres

noble venganza en su muerte;
estos fueron los recelos
que habéis llegado a escuchar,
agora falta cobrar
otra venganza a mis celos.
Como a luz que en la mañana
confunde la noche fría
dando quilates al día,
adoro el Sol de Diana;
que Carlos lo sabe es llano,
y pues sabiéndolo ansí
otra vez le he hallado aquí,
he de matar a mi hermano;
y el Duque y todos se estén
mirando lo que yo hiciere,
porque al que me lo impidiere
he de matarle también;
mi valor y mi osadía,
o ya mi venganza atiende,
sangre que a mi sangre ofende
no es posible que sea mía;
y así, Carlos enemigo,
pues das celos a mi amor,
por sanear mi dolor
he de comprar tu castigo.

(Saque la espada.)

Carlos   Escucha, Alejandro, y piensa,
            que aunque me cueste la vida,
            supuesto que es permitida,
            me he de poner en defensa.

Alejandro   Será tu defensa en balde;

(Riñen.) vos en balde le amparáis.

Diana ¡Hay tal pena!

Duque ¿Que esperáis?
Ea, prendedle y matadle.

Alejandro Dareos la muerte primero.

Carlos ¡Extraña resolución!

Alejandro ¡Cielos, que en esta ocasión

(Quiébrasele la espada.)

me haya faltado el acero!

Duque Date a prisión, o tu muerte
has de ver en mi venganza

Alejandro Ya no hallo humana esperanza;
cobardes, de aquesta suerte

(Tírales la guarnición, coge el bufete, y Cosme sale debajo dél.)

he de quedar satisfecho,
si mi ira a mi industria apoya.

Cosme Descubriose la tramoya;
acabose, aquesto es hecho;
cayó.

Duque Asidle.

Cosme	Cierra, España.
Alejandro	¿Que agora cayese yo?
Cosme	Mejor fue que tú, y cayó la princesa de Bretaña.

(Prenden los criados a Alejandro.)

Alejandro	¡Vengadme, cielos, de mí! Que me deis castigo es bien.
Cosme	¿Mas que el Duque cae también en llevarme preso a mí?
Duque	Carlos, dadme vuestro acero.
Diana	¡Qué desdicha, qué rigor!
Carlos	Y con mi acero, Señor, mi vida ofreceros quiero.

(Dale la espada.)

Diana	Que estoy sin alma confieso.
Cosme	Que han de llevarme acredito.
Duque	Yo veré vuestro delito vuestro padre está ya preso.
Diana	Murió mi esperanza vana; pero primero es mi honor: justicia os pido, Señor.

Duque	Yo os la prometo, Diana; Venid.
Carlos	Nací desdichado.
Diana	Nací infeliz, soy amante.
Duque	Vaya Alejandro delante, y traed ese criado.
Cosme	Zapatos.
Diana	¡Desdicha fuerte!
Carlos	Pero mi vida ¿qué espera?
Diana	¡Ay Carlos, y quién pudiera castigarte y defenderte!

(Vanse.)

(Sale Damián con grillos, y con cadena.)

César	No me consueles, Damián; déjame ya.
Damián	Ya te dejo, pero consuélame a mí, pues no quieres mi consuelo; dimos en la ratonera, pescáronnos el coleto, que este, en lenguaje germano, es vocablo más de adentro.

César	¡Ay mi Alejandro, ay mi hijo!
Damián	¿Agora sales con eso, cuando estamos en la trena tan apretados, que temo que ya que no en caperuza, nos han de dar en pescuezo? De Alejandro no receles, porque desde el jardín nuestro eligió salto de tapia por no andar rogando a buenos.
César	¡Que nos encontrase el Duque!
Damián	Tú tienes la culpa desto en venirte tan de espacio; pero ¿qué mucho, si es cierto, que estás por cierto accidente atacado por de dentro? ¡Ah, bien haya mi Señor, pues viendo preciso el riesgo, tomo las de Villa Carlos como las de Villa Diego!
César	¿Y dónde estará Alejandro?
Damián	Supuesto que no está preso, él sabrá volver por sí; deja ya de hacer extremos y olvídate deste hijo, que aunque clueco, estás tan viejo, que aunque más y más le empolles te ha de salir hijo huero.

César	Dime, ¿y vístele saltar?
Damián	Por mis ojos.
César	Y dime esto, ¿era peligroso el salto?
Damián	No tengas de eso recelo siete tapias, que las salta cualquier liebre y cualquier lego.
César	¿Y adónde vino a parar?
Damián	Cayó a una casa.

(Sale Cosme con grillos.)

Cosme	Laus Deo.
Damián	¿Cosme?
Cosme	¿Damián? Señor mío.
César	¿Qué es aquesto?
Cosme	Lo que es eso.
Damián	¿Qué ha sido?
César	¿Qué ha sucedido?
Cosme	Oídme los dos atentos: apenas a Federico

dentro en vuestro cuarto mesmo
al buscar el pan de boda
le disteis el pan de perro;
apenas los dos saltando,
o ya por fuerza o por riesgo
hicimos agilidades
de nuestros benditos cuerpos;
cuando después de gran rato
dimos, del peligro huyendo,
en casa de la señora
Diana nosotros mesmos;
el gran duque de Florencia
que andaba de ronda en esto,
y hecho duque del refugio
llevaba a su casa el muerto,
cogió tres de una redada
cogiéndome a mí con ellos,
tu dedo malo, Alejandro,
y a Carlos, tu dedo bueno;
hízosele grande fiesta,
porque le hicimos primero
con una danza de espadas
mudanzas de mil extremos;
Quisímonos ir los tres;
pero nuestro Duque, viendo
que era tarde y que hace todos,
nos metió en su coche mesmo;
hanos hecho dos mil honras,
de que obligados nos vemos;
pues nos trujo por las calles
con mucho acompañamiento;
pues Alejandro, tu hijo,
como es cortés, en efeto,
con las manos las acciones

le hizo dos mil cumplimientos;
no quiso el Duque sufrir
tanta cortesía, y luego,
para que no hiciese tantas
le hizo atar entrambos dedos;
y, en fin, como ya era tarde,
por no saber si está abierto
tu cuarto y no alborotar
la gente que duerme dentro,
nos ha traído a esta casa,
donde luego que nos vieron
nos abrieron las dos puertas
un alcalde y dos porteros;
cerráronnos luego al punto,
y luego nos escribieron
en un libro, donde estaban
otros convidados nuevos;
luego otro hombre muy cortés
ante nuestro acatamiento
puso por más cortesía
una rodilla en el suelo;
y cogiéndome los pies
o no sé si descogiendo,
cortés a macha martillo,
hizo lo que quiso dellos;
estotro es en cuanto a esto;
es aquesto en cuanto a esto,
tu hijo llega a esta sala,
y yo desalado vuelvo;
él te dirá lo demás,
que yo solamente temo
que se han de vender mañana
muy baratos los pescuezos.

(Vase.)

César   Vete, Damián, allá fuera.

Damián   Lo que mandas obedezco.

(Vase.)

(Sale Alejandro con esposas, dos pares de grillos y cadera.)

Alejandro   Reniego de mi paciencia;
                 airado maldiga el cielo
                 a quien por naturaleza
                 me ha dado este ser que tengo;
                 de mis venas el coral
                 en pálido humor resuelto
                 naciendo para lisonja
                 fallezca para escarmiento;
                 niégueme la luz el Sol,
                 la tierra me niegue el centro,
                 y ni aun para respirar
                 halle descanso en los vientos;
                 ¿yo, que a Italia he sujetado,
                 a un frágil metal sujeto?
                 ¿Yo postrado, pese a mí,
                 de la sujeción al fuero?

César   ¿Hijo?

Alejandro   Los cielos maldigan
                 el destilado alimento
                 que en mi desdichada infancia
                 infundió a mi vida esfuerzos.

César	¿Alejandro?
Alejandro	El claro arroyo
que el margen burla sereno,
para castigo mayor
a mi sed se enturbie ciego.
César	Hijo, ¿no me hablas agora?
Refrena los sentimientos
que se hará para tus penas
incapaz todo tu pecho.
Alejandro	¡Oh hierros, que sujetáis
mi valor! viven los cielos,
que con los dientes yo propio
os he de hacer menos ciertos!
César	Refrénate por tus ojos,
témplate advertido y cuerdo,
que cuando no son posibles,
se hacen males los remedios.
Alejandro
(Derriba a su padre.)	Quítate, caduco anciano,
que vive mi ardiente fuego,
que es el Dios que en mi coraje
tiene la corona y cetro,
que te haga tantos pedazos.

(Sale Carlos.)

Carlos	Padre y Señor, ¿qué es aquesto?
¿Tú en el suelo deste modo,
y Alejandro tan soberbio
en el sagrado de amor

	profana su ser primero? ¡Viven los cielos, tirano...!
César	¿Quién os mete a vos en eso? Noramala para vos, idos allá fuera luego, no estéis aquí un punto más.
Carlos	¿Señor?
César	Salid.
Carlos	Ya obedezco.
(Vase.)	
César	Hijo, ¿por qué me aborreces? ¿Ha sido porque te quiero? No haces bien, que ingratitudes son para otro amor más ciego.
Alejandro	¿No basta que eres mi padre?
César	¿Por ser tu padre te ofendo?
Alejandro	Sí, y a poder, yo a mí mismo sacarme tu sangre, creo que por ser tuya no más la derramara del pecho.
(Sale Carlos.)	
Carlos	¿Padre y Señor?

César   Mira, hijo,

(Hable con Alejandro sin mirar a Carlos.)

                 tú te buscaste a despecho
                 de los astros otra estrella
                 distinta a tu nacimiento.

Carlos   ¿César, padre?

César   ¿Qué me quieres?

Carlos   Vete de aquí.

César   Escucha atento,
             porque ya...

César   ¿Qué es lo que dices?

Carlos   Llegó el plazo.

César   Dilo presto.

Carlos   De nuestra muerte.

César   ¡Qué pena!

Alejandro   Prosigue.

Carlos   Ya lo refiero:
            siendo la parte Diana,
            el gran duque siendo Güelfo
            y nosotros Gibelinos,
            bien sustanciado el proceso,

reconocida la culpa,
por desvanecer a un tiempo
estos dos bandos de Italia,
cenizas de tal incendio,
que aunque el tiempo las apure
los vuelve a encender el tiempo;
pensando también el Duque
que en no castigarnos luego
por tener tantos parciales,
puede haber posible riesgo,
promulgó cruel sentencia
de muerte a los tres, diciendo
que alevosamente anoche
dimos muerte a un caballero;
y escuché (¡grave dolor!)
del inviolable decreto
que pues todos tres la hicimos,
que todos tres la paguemos.
Yo sin temor y sin sustos,
sin lágrimas y sin miedos,
porque el valor es aquí
el más decente consuelo,
he venido a dar aviso
de mi suceso y del vuestro;
pues en el mar de la muerte
igual fortuna corremos.
Sabe mi dolor, que es mucho,
que yo solamente siento
ver hecho cristal menudo
de mis años ese espejo;
pues cuando en la blanca Luna
me miré de su consejo,
componer supe mis iras,
afeitar supe mis yerros.

	¡Oh, quién tuviera mil vidas!
	Poco en esto lo encarezco,
	porque mil vidas feriara
	de solo tu nombre al precio.
(Llore César.)	¿Lágrimas, César, agora?
	Templa el mortal sentimiento,
	que no es buena medicina
	para el mal el desconsuelo;
	valor sane tu accidente,
	sea triaca el sufrimiento,
	que a este veneno no sabe
	curar contrario veneno.
	Con el valor al delito
	hagamos igual ejemplo,
	pues quien muere con valor
	mataría con esfuerzo.
	Y reprimo fugitivo
	ese aljófar lisonjero
	que según sale cansado
	por dos márgenes de hielo
	no parece quinta esencia
	del fuego ardiente del pecho,
	sino trasudor del alma,
	que, mayorazgo del cuerpo,
	le ha dado esos desperdicios
	de aljófar en alimentos;
	y pues hemos de morir...

(Sale Damián.)

Damián   Agora no moriremos.

César   ¿Qué dices?

Damián   Lo que te digo.

Carlos   Acaba, Damián.

Damián   Ya empiezo.
El gran Duque de Florencia,
el valiente, el sabio, el recto,
el que con ser tan piadoso
se precia de justiciero,
sabiendo que no hay ministro,
decirlo más claro debo,
sabiendo que no hay verdugo
que ejecute sus decretos,
pues después que ajusticiaron
en Florencia un caballero
que por galán y bien quisto
era de Florencia espejo,
no ha habido en toda la Italia
quién se haya atrevido a serlo;
porque todos los muchachos,
no hay verdugo, cuando luego
con piedras y con cuchillos,
y con varios instrumentos
tan a su cargo le toman
que le hacen por fuerza el reo;
dio en la cárcel un pregón,
que aquel que admitiese serlo,
le perdonaban cualquiera
delito, aunque fuese hecho
contra la persona real.
Por la cárcel discurrieron,
y con haber tantos hombres
por raros delitos presos,
con saber que han de morir,

no ha habido uno en todos ellos
que admitiese ser verdugo;
porque todos eligieron
más muriendo, muerte honrosa,
que vida infame viviendo.
Y, en fin, como no le hallaron...

(Sale Cosme vestido de verdugo, con cordel y cuchillo.)

Cosme   Ya le han hallado por cierto.
Señores, los mis señores,
mis amigos siempre buenos,
vosotros que sois mis amos,
ya pasados como huevos;
los que yendo a cazar gangas,
escarramanes más nuevos,
habéis cazado esos grillos
que os canten a todos tiempos;
de lo que quiero intentar
a pediros perdón vengo,
que es la primer caravana
que hacen los verdugos nuevos,
Señores, ya tengo oficio
real; pero yo confieso,
que aunque no es de mucha honra,
tampoco no es de provecho.
Sentenciado estoy a muerte,
y sabe Dios que no tengo
si me quitan esta vida
con que remudarme luego.
Como otro os ha de ahorcar
que más activo y más fiero
no os haya tomado nunca
ni una mano ni un pescuezo,

más vale que yo os degüelle,
señores; porque, en efecto,
siendo yo de vuestra casa,
moriréis entre los vuestros.
Yo os prometo degollaros
tan sutil y tan ligero
que parezca que el cuchillo
ha nacido en el pescuezo.
Y cuando, como otros hacen,
os haya de dar el beso,
pues que mis maestros sois,
llevaré mi bolsa y puerros;
y adiós, que voy a afilar
dos o tres cuchillos nuevos
porque muráis a placer,
que están muy mohosos estos
y siempre a mis parroquianos
y amigos, echarles pienso
a unos el mejor esparto,
y otros el mejor acero.

Carlos	Tente, Cosme.
Cosme	No me tengas.
César	¿Dónde vas?
Cosme	Veranlo presto.
Damián	¿Tú, verdugo?
Cosme	¿Por qué no?
Damián	Mira que...

Cosme	Aquesto resuelvo.

Carlos	¿En fin, te vas?

Cosme	Con los pies;
en fin, ¿vustedes creyeron
que he de ser verdugo?

Damián	Sí.

Cosme	¿Y lo creéis?

Carlos	Y lo creo.

Cosme	Pues sea verdugo un calvo
destos que andan descubiertos,
que los que traen cabelleras
tienen vergüenza de serlo;
porque yo ni lo he de ser,
ni lo seré ya, ni pienso
haberlo sido en presente,
en futuro ni en pretérito.

(Arroje el cuchillo y cójale Alejandro.)

Alejandro	Pues por esas diez esferas
cuyo rapto y movimiento,
o por más diestro o más noble
rige el otro mayor cielo,
que he de dar a la memoria
el más trágico suceso
que esculpe el mármol y el bronce
en los anales del tiempo.

	Parricida y fratricida
	he de ser, el más sangriento
	que ha divulgado la fama
	por la voz del metal hueco.
	El más impropio verdugo,
	desde este hasta el polo opuesto,
	me llamará la crueldad
	o me nombrará el despecho.
	Vida infame solicito
	a un tiempo airado y resuelto,
	y de mi propio intenté
	tomar venganza yo mesmo.
	Pues para matarla en mí,
	tomarla en mi padre quiero,
	y ser yo propio de mí
	la muerte y el instrumento.
	Y si para tener vida
	esta ofensa hacer me debo,
	viva yo, y muera mi padre,
	que si es cierto que muriendo,
	vida, honor, y ser y fama
	a un tiempo los tres perdemos,
	ya que se haya de perder
	he de perderla viviendo.
César	¿Cielos, que es esto que oí?
	Hijo ¿por qué tomas fiero
	y airado ese infame acero?
Alejandro	Para darte muerte a ti.
César	¿Tú darme la muerte?
Alejandro	Sí.

César	Dime, ¿tú quieres hacer tal crueldad? ¿y tú has de ser mi verdugo y mi enemigo? ¿Por qué?
Alejandro	Por darte el castigo de haberme dado este ser.
César	¿Posible es que el labio nueves a delito tan horrible? ¿No te acuerdas, es posible, de lo mucho que me debes? ¿Cómo a articular te atreves injurias contra mi fe cuando tu ofensa se ve?
Alejandro	No me debes más a mí, que yo te he debido a ti ni te deberé.
César	¿Por qué?
Alejandro	Fácil un discurso elijo con que a mis crueldades cuadre: yo te he hecho a ti ser buen padre, y tú me hiciste mal hijo.
César	Ese discurso prolijo por extraño le condeno.
Alejandro	No le acredites ajeno si con justa causa igualo, que cuanto yo soy más malo

	vienes a ser tú más bueno.
César	¿Qué discurso o qué verdad ese afecto tuyo indicia?
Alejandro	Es que con mi gran malicia sobresale tu bondad.
Carlos	Y, dime, ¿no es impiedad, nunca al dolor prevenida, ni por la estrella influida, ni amagada por la suerte, que vengas a dar la muerte a aquel que te dio la vida?
César	Yo te engendré, yo te di el noble ser que gozaste.
Alejandro	Por tu gusto me engendraste, que no lo hicistes por mí: y no me llores ansí, que no podrá tu prudencia reducirme a tu obediencia; y pues oyes mi razón, no me hagas obligación lo que fue tu conveniencia.
César	Pues redúcete por ver siquiera que te he criado.
Alejandro	¿Tan buen hijo me has sacado que te lo he de agradecer?
César	Sea siquiera por ser

	yo. (¡qué terrible dolor!)
	quien su amor con su dolor
	juntar supo y dividir.

Alejandro   Y dime, para vivir
                   ¿me hará provecho tu amor?

Carlos (Aparte.)   (En vano obligarle piensa
                   su ingratitud: del indicio
                   que avisarle un beneficio
                   es acordarle una ofensa.)

César   Contigo propio dispensa
                   ese afecto, ese rigor;
                   repara en el deshonor
                   de tu fama esclarecida.

Alejandro   Si me han de quitar la vida,
                   ¿para qué quiero el honor?
                   César, y no padre, advierte,
                   que tres veces he soñado
                   que soberbio y arrojado
                   me dabas sangrienta muerte;
                   pues por librar desta suerte
                   un indicio, que aun incierto
                   tiene apariencias de cierto,
                   de mi coraje inducido,
                   la que me diste dormido
                   procuro vengar despierto.

César   En efeto, ¿tú pretendes
                   darme la muerte?

Alejandro   Eso quiero.

César	Soy tu padre.
Alejandro	Y mi enemigo.
Carlos	Mira...
Alejandro	No escucho consejos.
César	¿Y a tu hermano?
Alejandro	Es sangre mía y he de verterla por eso.
César	¿Y a mí?
Alejandro	Porque me criaste.
Carlos	Advierte.
Alejandro	Ya estoy resuelto.
César	¿No hay medios?
Alejandro	No los procures.
Carlos	¿Ni hay lágrimas?
Alejandro	Soy de hielo.
César	¿Ni hay quejas?
Alejandro	Nací montaña.

Carlos	¿Y tu opinión?
Alejandro	No la tengo.
César	¿Y tu sangre?
Alejandro	Soy cruel.
Carlos	Mira la infamia...
Alejandro	Estoy ciego.
César	¿Y tu nobleza?
Alejandro	Perdila.
Carlos	¿A qué aspiras?
Alejandro	Vivir quiero.
César	¿Y ha de ser?
Alejandro	Ya lo publico.
César	¿No hay remedio?
Alejandro	No hay remedio.
César	Pues remedio hay, Alejandro.
Alejandro	¿Cuál es?
César	Decírtelo quiero. Ya que has intentado aquí

darme la muerte atrevido,
más bien será parecido
que yo te dé muerte a ti;
yo el ser que tienes te di,
tú intentaste airado, impío,
quitarme ser y albedrío.
Pues di, ¿qué ha de parecer,
que yo te diese a ti el ser,
y tú me quites el mío?
Mas bien visto será, advierte,
a Italia, al mundo y a Dios,
que os dé la muerte a los dos,
que no que me des la muerte;
trocada verás tu suerte,
pues si cuando más te sigo
eres mi hijo y mi enemigo,
hoy para tu destemplanza
llegó el plazo a la venganza
y la ocasión al castigo.
Reducirte he pretendido,
como padre y como viejo,
con el amor y el consejo,
y obligarte no he podido;
tú mi muerte has elegido;
y así, pues, no hay esperanza
de hallar en tu amor templanza,
seré, si al cielo le plugo,
el más impropio verdugo
por la más justa venganza.
Y adiós, Carlos de mis ojos,
que aunque estos abrazos tiernos
llegan tarde, nunca llegan
las finezas a mal tiempo.

(Abrace a Carlos.)

Carlos   ¿Pues qué intentas?

César   Que Alejandro
no sea verdugo nuestro.

Carlos   ¿Y tú has de serlo?

César   No sé.

Carlos   Míralo bien.

Alejandro   Vive el cielo,
que antes de mis propias manos
serás infame escarmiento.

César   Témplate, Alejandro, hijo,
y verás como me templo.

Alejandro   Yo he de matarte.

César   No es justo.

Carlos   Si he de morir, en efeto,
muera a manos de mi padre,
y no a tus manos, sangriento.

Alejandro   Ese es rigor.

César   Es piedad.

Alejandro   Será infamia.

César	Será ejemplo.
Alejandro	Déjame obrar como malo si eres bueno.
César	No lo apruebo; no es bien que mi propio hijo sea mi verdugo mesmo.
Alejandro	¿Y será bien que mi padre me dé muerte a mí?
César	No es bueno; pero en dos males tan grandes se debe elegir el menos.
Carlos	Pues, Señor, muera a tus manos.
César	¡Oh, qué de afectos te debo!
Alejandro	Mis manos han de matarte.
César	¡Qué de crueldades te creo!
Carlos	¡Padre, adiós!
César	¡Carlos, adiós! ¿Alejandro?
Alejandro	Dilo presto.
César	Deja el intento que tienes y yo dejaré mi intento.

| Alejandro | Vive Dios, padre tirano,
que si no lo impide el cielo,
o tu acero ha de matarme
o ha de matarte mi acero. |
|---|---|
| César | Pues deme el cielo venganza. |
| Alejandro | No querrá vengarte el cielo. |

(Vanse.)

(Salen Julia, Diana y Casandra.)

| Casandra | Vine a tu casa a ampararme,
bella Diana, y en ella
presumiendo hallarte airada,
vine a examinarte cuerda.
Bien haya tu entendimiento;
pues a un tiempo mismo mezclas
a la ira la templanza,
y a la crueldad la prudencia. |
|---|---|
| Julia | ¿Dónde vamos, qué es tu intento? |
| Diana | Hablar al Duque quisiera,
y pedirle que perdone,
o por ruego o por clemencia,
con Alejandro y con Carlos
a tu anciano padre César.
Pues maestro mi dolor
en mi soledad me enseña
que no recojo esta sangre
porque se derrame aquella. |

Julia	Esta es la puerta, Diana, de la cárcel.
Casandra	Y por ella agora sale el gran Duque; porque para esta sentencia el propio vino a la cárcel.
Diana	Allí un cadalso se muestra.
Julia	Y de la cárcel presumo, si no es que la vista mienta, que salen Damián y Cosme
Diana	Es verdad, entrambos llegan.

(Salen Cosme y Damián.)

Damián	Acabose, aquesto es hecho.
Cosme	Soltáronos de la escuela adonde solos los grillos son los que hacen buena letra. Verbum caro factum est.
Julia	¿Ha, Cosme?
Cosme	¿Quién me cosmea?
Diana	Llegaos acá.
Cosme	¿Qué queréis?
Diana	¿Conoceisme?

Cosme	Diana bella,
	qué podéis dar cuando sale
	de hermosa a la aurora queja...
Casandra	¿Sales de la cárcel?
Cosme	Sí.
Diana	¿Qué hay de nuevo?
Damián	Si deseas
	oír el caso más raro
	que antiguas historias cuentan,
	oye, como no hay verdugo,
	como sabes, en Florencia...
Cosme	Yo lo contaré mejor.
	El hijo mayor de César...
Damián	¿Quién le mete en eso a él?
Cosme	¿Quién me ha de meter? mi lengua.
Damián	Yo se la sabré sacar.
Cosme	Mejor lo hablará más suelta.
Damián	¡Vive Dios!
Julia	El Duque sale.
Damián	Pues agradezca...

Cosme	Agradezca...

(Sale el Duque y acompañamiento.)

Diana (Aparte.)	(Esta es ocasión; yo llego.) Duque insigne de Florencia, que adonde llega la fama eterno tu nombre llega, si como de justiciero de ser piadoso te precias, ayer te habló la justicia y agora el perdón te ruega. Hermana de Federico soy, y soy la parte mesma que tiene la mayor parte en el dolor y en la pena. A pedirte que perdones vengo mi agravio y mi ofensa, que por ilícitos medios no es honrado quien se venga. Y así...
Duque	Detened, Diana.
Diana	¿Qué me decís?
Duque	Que vos mesma me pedisteis el castigo.
Diana	Ya lo confiesa mi lengua.
Duque	Pues yo cumplí mi palabra.
Diana	Lágrimas, tened la rienda.

     ¿Es muerto Carlos?

Duque   Ya es muerto.

Voces (Dentro.) Tenedle, prendedle.

Todos (Dentro.)   Muera.

(Sale César con el cuchillo sangriento.)

César   Antes que me deis la muerte,
      pretendo ver a su Alteza.

Duque   ¿Qué es esto?

César   Un hombre infeliz
      que a besar tus plantas llega.

(De rodillas.)

Duque   César, ¿qué ha sido?

César   Señor,
      que antes que mi muerte quieras,
      te he de rogar que me escuches.

Duque   Habla, ya tienes licencia.

César   Ya tú sabes que Alejandro
      contra la humana obediencia
      quiso quitarme la vida.

Duque   Es verdad; prosigue César.

César	Y ya sabes tú, Señor,
	aunque lo acuerdo, que a fuerza
	de no poder reducirles,
	te rogué me permitieras
	que fuese el ministro infame
	de tu castigo y mi ofensa.
Duque	Yo lo consentí, es verdad;
	porque era injusta violencia
	que el que es padre en un suplicio
	a manos del hijo muera.
César	Pues Señor, subí al suplicio,
(Levántase.)	(nunca al suplicio subiera),
	tropezando con los ojos,
	que son los pies de la pena;
	ligué a mis hijos las manos,
	puse a sus ojos dos vendas
	a tiento, porque mi vista
	estaba entonces más ciega.
	Volví a exhortar a Alejandro
	que olvidando su soberbia
	tuviera para su intento
	sus iras menos resueltas.
	Templele, hallele cruel,
	y viendo en tantas finezas
	que irritándose del ruego
	se olvidaba de la ofensa,
	con el cuchillo que miras
	y con esta mano diestra
	de su garganta cruel
	tomé venganza sangrienta,
	agora, agora te pido
	que a lo principal me atiendas,

pues más llamo a tu atención
que procuro tu clemencia.
Señor, este hijo que ves,
ya muerto a mis manos mesmas,
ha sido el hijo más malo.

Fin de la comedia

Libros a la carta

A la carta es un servicio especializado para
empresas,
librerías,
bibliotecas,
editoriales
y centros de enseñanza;
y permite confeccionar libros que, por su formato y concepción, sirven a los propósitos más específicos de estas instituciones.
Las empresas nos encargan ediciones personalizadas para marketing editorial o para regalos institucionales. Y los interesados solicitan, a título personal, ediciones antiguas, o no disponibles en el mercado; y las acompañan con notas y comentarios críticos.
Las ediciones tienen como apoyo un libro de estilo con todo tipo de referencias sobre los criterios de tratamiento tipográfico aplicados a nuestros libros que puede ser consultado en Linkgua-ediciones.com.
Linkgua edita por encargo diferentes versiones de una misma obra con distintos tratamientos ortotipográficos (actualizaciones de carácter divulgativo de un clásico, o versiones estrictamente fieles a la edición original de referencia). Este servicio de ediciones a la carta le permitirá, si usted se dedica a la enseñanza, tener una forma de hacer pública su interpretación de un texto y, sobre una versión digitalizada «base», usted podrá introducir interpretaciones del texto fuente. Es un tópico que los profesores denuncien en clase los desmanes de una edición, o vayan comentando errores de interpretación de un texto y esta es una solución útil a esa necesidad del mundo académico.
Asimismo publicamos de manera sistemática, en un mismo catálogo, tesis doctorales y actas de congresos académicos, que son distribuidas a través de nuestra Web.
El servicio de «Libros a la carta» funciona de dos formas.
1. Tenemos un fondo de libros digitalizados que usted puede personalizar en tiradas de al menos cinco ejemplares. Estas personalizaciones pueden ser de todo tipo: añadir notas de clase para uso de un grupo de estudiantes, introducir logos corporativos para uso con fines de marketing empresarial, etc. etc.

2. Buscamos libros descatalogados de otras editoriales y los reeditamos en tiradas cortas a petición de un cliente.

www.ingramcontent.com/pod-product-compliance
Lightning Source LLC
LaVergne TN
LVHW041253080426
835510LV00009B/724